新时代教育高质量发展书系
XINSHIDAIJIAOYUGAOZHILIANGFAZHANSHUXI

有教无类

问题学生积极转化法则

周玉梅 ◎ 著

中国大百科全书出版社　　知识出版社

图书在版编目（CIP）数据

有教无类：问题学生积极转化法则 / 周玉梅著. -- 北京：知识出版社，2020.8
（新时代教育高质量发展书系）
ISBN 978-7-5215-0209-1

Ⅰ.①有… Ⅱ.①周… Ⅲ.①后进生—教育心理学 Ⅳ.①G444

中国版本图书馆CIP数据核字(2020)第125737号

有教无类：问题学生积极转化法则　　周玉梅　著

出 版 人	姜钦云
出版统筹	张京涛
产品经理	王云霞
责任编辑	姚常龄
特约编辑	曾旭明
装帧设计	李　谈
出版发行	知识出版社
地　　址	北京市西城区阜成门北大街17号
邮　　编	100037
电　　话	010-88390659
印　　刷	阳信县卓越盛达印务有限公司
开　　本	710mm×1000mm 1/16
印　　张	15
字　　数	181千字
版　　次	2020年8月第1版
印　　次	2023年3月第8次印刷
书　　号	ISBN 978-7-5215-0209-1
定　　价	40.00元

版权所有　翻印必究

序

　　教育是关乎千家万户的事业，任何一个社会，都需要教育思想的引领。时代在变，教育也在变。然而，变中也有"不变"，所以，我们要对教育进行哲学的思考，只有搞清楚了哪些需要变，哪些不能变，才能真正做好教育。而教育的本质是什么，什么是好的教育，理想的教育是什么样的，这些最基本的教育问题应是教育哲学思考的源头。只有弄清楚这些最基本的问题，我们才能找到正确的方向，办出有质量的教育。

　　教育是培养人的事业，是一个通过培养人让人类不断走向崇高、生活更加美好的事业。因此，教育最重要的任务是塑造美好的人性，培养美好的人格，使学生拥有美好的人生。如何达成这样的目标？那就需要一批有理想、有情怀、有追求、有实干精神的校长和教师，用自己的青春和智慧去践行。而在现实中，也确实有这样一群人，他们热爱教育事业，关爱每一个学生，一步一个脚印，用脚去丈量教育，用心去感受教育，用智慧去点亮教育。

　　如何将这样一群人聚在一起，用他们的智慧去影响更多的教师？

　　中国大百科全书出版社、知识出版社策划出版了"新时代教育高质量发展书系"，进行了可贵的探索。他们在全国范围内汇聚了60名优秀的教育工作者，这些教育工作者大多是扎根教育一线的优秀校长和教师。书中的经验、实践、体会和思想，既有教学的艺术，也有管理的智慧；既有育人的技巧，也有师德的弘扬；既有教师的发展思考，也有校长的成长感悟；既有师生关系的融通之术，也有家校关系的弥合之道。60本书，60个点，每一个点都是一门学问，一门艺术。

我今年给"新教育"的同人写过一封新年信，题目是"让教育沐浴人性的光辉"，从三个方面对教师的工作提出了建议。我也把这三条建议送给这套丛书的作者和读者朋友。

一是要善待我们自己。要珍惜时间，张弛有度，让人生丰盈；发现教师职业魅力，做一个善于享受教育生活的人；培养健康的爱好，做一个有生活情趣的人；与学生一起成长，做一个在教育过程中不断进取的人；不断挑战自我的最高峰，做一个创造自己生命传奇的人。

二是要善待学生。要把学生作为一个真正的人看待，让学生能够张扬自己的个性，发挥自己的潜能，成为更好的自己。在我们教室里的学生，首先是活生生的生命。我们应该从生命的角度考虑，如何帮助他成为一个人，一个有理想、有激情、有智慧的人，一个能够适应社会并且受人欢迎的人，一个挖掘自身潜能、张扬不同个性的人。

三是要把教育的温暖传递给社会。许多问题，归根结底是教育的问题。尽管我们任何一个人，作为个体的力量都是有限的，但是，再渺小的个体，也能够温暖身边的人。所以，我们要让所有和我们相遇的人，都能够感受到我们的美好和温暖，这也是让人与人之间，让全社会变得更美好、更温暖的有效方式。

有人性的人是明亮的，有人性的教育是光明的。让教育沐浴人性的光辉，我们的今天将会更加幸福，我们的明天将会更加美好，我们的世界将会因此璀璨。

是以为序。

朱永新

2020 年 5 月 1 日

目 录

第一章　问题学生与他们存在的"问题" …………… 001
　　第一节　问题学生 ………………………………… 003
　　第二节　问题学生的几种主要类型 ……………… 008
　　第三节　浅谈问题学生 …………………………… 010

第二章　问题学生的教育 ……………………………… 019
　　第一节　问题学生教育的意义 …………………… 021
　　第二节　问题学生教育的原则 …………………… 023
　　第三节　问题学生转化方法 ……………………… 034
　　第四节　问题学生教育中出现的误区 …………… 040

第三章　转化问题学生专项讨论 ……………………… 051
　　第一节　借鉴辨证施治理论转化问题学生 ……… 053
　　第二节　班级环境下问题学生的转化 …………… 057
　　第三节　转化问题学生的基本要求与方法 ……… 063
　　第四节　多元智能理论转化问题学生 …………… 070
　　第五节　问题学生教育转化中的思维方式 ……… 073

第四章　案例解析问题学生的学习问题 ……………… 077

- 第一节　注意力不集中 ……………………………… 079
- 第二节　学业困难 …………………………………… 088
- 第三节　自信心缺失 ………………………………… 095
- 第四节　偏科 ………………………………………… 101
- 第五节　经常不交作业 ……………………………… 108

第五章　案例解析问题学生的心理问题 ……………… 117

- 第一节　代沟 ………………………………………… 119
- 第二节　孤独 ………………………………………… 129
- 第三节　自残 ………………………………………… 137
- 第四节　自杀倾向 …………………………………… 152

第六章　案例解析问题学生的行为问题 ……………… 165

- 第一节　起哄与恶作剧 ……………………………… 167
- 第二节　严重缺乏行为规范 ………………………… 177
- 第三节　说谎 ………………………………………… 185
- 第四节　顶撞老师 …………………………………… 195
- 第五节　暴力倾向 …………………………………… 207
- 第六节　网络成瘾 …………………………………… 218
- 第七节　校园欺凌 …………………………………… 225

参考文献 …………………………………………………… 233

第一章

问题学生与他们存在的"问题"

第一章

第一章 问题学生与他们存在的"问题"

第一节 问题学生

一、问题学生身上的"问题"

（一）"问题"是什么

在揭示问题学生的内涵之前，要弄清楚什么是"问题"。在英国心理学家朱莉娅·贝里曼等人所著的《发展心理学与你》中有这么一段话："什么样的幼稚举动预示着可能存在某种行为异常，应该引起我们的警惕和关注？心理问题是否表现出某种能透露原因的迹象或症状，需要得到专家的指导？要回答这些问题，我们首先应明确在儿童行为中'问题'一词的含义是什么。但我们可以看到，这个问题并不存在任何简单答案或明确公式。'问题'一词是一个非常含糊、难以把握的术语，人们经常出于各种不同的理由（而且常常是明显不合理的理由）将它应用于不同儿童身上。"

这段话明确告诉我们，人们对"问题"的理解是不一样的。

（二）"问题"是如何产生的

人们对"问题"一词的理解往往是含糊、难以把握的。对于"问题"的认识，主要有三种比较有代表性的偏差：

1. 成人认知的偏差

首先是标准的主观性。同样是一个孩子，同样的一个问题，在不同的教师和家长心目中，有的认为是问题，有的则认为不是问题。例如，孩子攀比衣服、鞋、包的牌子，有的教师和家长认为孩子有虚荣心，而有的则认为这是时代进步、物质繁荣的表现，不值得大惊小怪。由此我们可以看出，成人对事物认知的标准是不同的。所以，在对问题做出判断前，首先要明确判断的标准是否具有客观性。其次，要明确判断的标准是否具有固定性。一旦呈现在成人面前的是不可控、不可测、不可预知的事情，那就是"问题"。这种认知有其合理的一面，因为问题行为出现的频率比较少。但较少出现的行为不一定是问题行为。不然的话，那些表现出各种"怪异""另类"行为的天才少年就都成了问题少年。再次是问题归属的错误。一些被教师和家长确认为"问题"的问题实际上是教师和家长自身的问题。

2. 情境特异性偏差

"情境特异性"是指青少年的行为根据不同的情境而表现出不同的行为。"情境特异性"是群体社会化理论的重要概念，这一理论的基本假设是，社会化具有情境特异性，即在一种情境中学到的东西不一定会在另一种情境中表现出来。例如，有的学生在学校表现得特别听话，做事勤快，而到了家里却任性又懒惰。与其说这些学生是问题学生，不如说他们是因情境不同而表现不同。

3. 由两代人之间的代沟引起的偏差

一般地说，判定问题依据的标准是常模。常模具有一般性，常模培养的是普通者，而不容纳"另类"。"另类"往往是个性突出者，是创新人才。常模是与时俱进的，在不同的时代，常模是不同的。上一代人的常模与下一代人的常模显然不一样，这就形成了代沟。常模并不反映文化的全貌。不同的亚文化常模是不同的。常模是就普遍而言，并不代表特殊，学生们的发展并非整齐划一。这就是机体成熟的差异。

（三）"问题"的标准

衡量问题学生应该有客观的标准，对学生的评价要站在发展的角度。问题与发展是相伴而生的，问题的不断解决，促进了学生的不断发展。

首先，问题具有普遍性。每个学生都是一个矛盾的统一体，都存在着不同的问题，但这并不等于每个学生都是问题学生。

其次，问题具有社会性。问题不是绝对的，而是相对的。社会以常态为常模，偏离了常态的就是问题。常模有两种形态：一种是统计学的量化标准，它是以测量所得的不同年龄儿童应以何种频率表示某种行为和特征；另一种是社会性标准，这是一种人为的标准与规则。人的发展是多方面的，问题只表现在某一方面或某些方面。之所以成为学生的"问题"，也是与学生自身其他方面的发展相比较，出现了扭曲和极度的不平衡。常态是动态的、可变的。相应地，常模也是动态的、可变的。

再次，问题具有发展性。问题学生的某些行为或心理是随着某一年龄阶段的到来而出现的，也随着这一年龄阶段的结束而逐渐消失。因此，衡量问题的标准应该具有发展性。所谓发展性标准是依据不同年龄阶段儿童的成长与变化特点来判定其行为和问题的性质。用发展性标准判断问题学生的问题，可将问题分为发展性问题和障碍性问题。

二、问题学生的概念

关于问题学生的概念，目前尚无定论。比较有代表性的观点有：

1. 问题学生一般是指学习成绩较差，不遵守纪律，具有许多缺点和不良习惯的学生。

2. 问题学生是指那些在思想、学习或行为方面存在偏差的学生。

3. 问题学生是指有学习障碍，心理发展不健康或有不良行为，需要他人帮助才能解决问题的学生。

4. 问题学生也叫后进生。他们在品德上和学习上暂时存在一些问题，落后于班级的整体要求，完不成课程标准规定的最低目标，反复出现违反与其年龄相应的纪律和道德准则，做出侵犯他人或公共利益的行为。

5．问题学生并非指精神上已经发生了严重疾病或已构成犯罪的学生，而是指那些品德行为偏常、不思进取甚至经常违反校规校纪的学生。

6．从心理学角度而言，问题学生是指在社会化过程中，由于自我心理因素和外在条件的影响，性格、思维和情感意志存在偏差的学生。

因此，一般认为，问题学生是指在心理、学习、行为等方面与同年龄段学生相比偏离常态，需要在他人帮助下才能解决问题的学生。

这个界定包含以下几层意思：一是问题是相对的，具有发展性。问题学生的问题是与同一年龄阶段的学生相比较而言的，多数问题又都是学生在不同的年龄阶段出现的问题。因此，问题学生是一个历史的范畴，并不是一成不变的。二是问题主要表现在心理、行为和学习方面，而不是品德方面。我们认为，品德是一种相对稳定的心理品质。青少年学生正处于品德形成时期，他们所表现出来的问题基本上是心理方面或行为方面的问题。问题学生只是在某一方面或某些方面存在严重缺陷与偏差，并非一无是处。三是只有在他人的帮助下才能解决问题。问题具有普遍性，但多数学生的问题只要自己意识到就能得到较好的解决。而问题学生的问题是他们自己意识不到，也无力解决，必须有他人的帮助。

三、与问题学生有关的概念

关于问题学生，有几个相近的概念需要加以辨析。

（一）"差生"概念

在中国，有的学者认为"差生"即"后进生"，其含义是思想品德发展上偏离教育目标的要求，在思想行为上存在较多的缺点，学习落后于一般同学的学生。

刘以林等学者认为，根据我国目前的教育方针规范，在德、智、体等几方面有某一方面严重欠缺者，即可被视为"差生"。"差生"是个经验性的概括，是从性质上对学生进行评定的。

在英国，有的研究者把"差生"称为"学习困难的学生"，指与同龄的大部分学生相比，这类学生在学习上有明显的困难，需要特殊教育措施给予帮助。

在法国，有的学者把"差生"概念界定为智力正常但学习有困难、学习成绩差的学生。

（二）学习困难的学生

国内比较普遍的看法是，学习困难的学生一般指那些智力正常，没有感官障碍，但在品格、知识、方法、能力、体质等要素的融合方面存在着偏离常规的结构性缺陷，智力得不到正常开发，达不到教学大纲规定的基本要求，需要通过有针对性的教育措施或医疗措施给予矫治或补救的学生。

美国学者塞缪尔.A.柯克提出了学习失能或学习不良的概念，用以指那些智力正常而学业成绩长期比同龄人滞后的学生。这是从学习状态的角度对学生加以评定的。

（三）学业不良

日本心理学家羽生义正认为："学业不良这个概念的一般含义是：尽管具备基本的学习能力和有关学科的基础知识，但是没有取得与之相应的学习成绩。"学业不良是从学习结果的角度对学生加以评定的。学业乃学习的功课和作业，学业不良表现为成绩不佳。当代教育名家钟启泉教授认为，学业不良大体可以分为三种：一是未达到基本标准。这里的标准是指在各自的年龄或年级，各门学科或领域可以期待学生达到的水平。这种学业不良体现了"绝对学业不良观"。二是低学力。它是指学生实际的学力测查结果低于根据智力测验结果所推定的学力测查的得分,体现了"相对学业不良观"。三是未能充分发挥自身拥有的潜能,因身心障碍而导致学业的迟滞,体现了"个人学业不良观"。

实际上,学习困难与学业不良是互为因果、密不可分的。

第二节 问题学生的几种主要类型

一、给问题学生分类的意义

研究问题学生的一个重要课题就是问题学生的分类。正确地进行问题学生的分类对提高教育干预的针对性和诊断的准确性是有帮助的。问题学生是一个复杂的群体,不同类型的问题学生具有显著的差异。同一类型的问题学生,由于他们所处的年龄阶段不同、年级不同,所以表现出来的问题也是各不相同的。随着学生年龄的增长,他们在发展的各个阶段的问题是不同的,教育干预的侧重点也因情形而异。即使是同一类问题,学生的行为特征也是不同的。例如,行为问题有"社会适应不良行为"与"反社会行为"之分,社会适应不良行为又有"内部情绪失调"和"外部行为失调"之分。在进行有效的教育之前,必须要搞清不同类型的问题学生的差异。

二、问题学生的类型

认识和研究的角度不同,决定了对问题学生类型的划分也不同。

(一)以问题特征划分

心理学家赫伯特·奎伊从55项因素分析研究结果的综合分析中提出了7个行为维度,每个维度都聚合了一些相关特征。这些问题归结起来是两大类：

1．行为障碍

表现为恶劣的人际关系、不负责任、不服从、攻击行为、破坏行为等。

2．情绪问题

表现为害怕、恐惧、抑郁和社会性抑制等。

由此，问题学生被划分为行为障碍类和情绪问题类。

（二）从问题所在领域的角度划分

从问题所在领域的角度进行划分，可将问题学生分为以下四类：

1．品行不端

这类学生养成了好逸恶劳、强横霸道等恶习，在校内常常不服管教、滋事生非、欺凌他人。这类学生在问题学生中所占比例很小，但转化难度最大。

2．纪律松散

这类学生在问题学生中所占比例较大。他们智力正常，有的学生还特别聪明，但自控能力较差，对自己要求不严，纪律松弛，学习动机不强，缺乏良好的学习习惯。

3．学习困难

这种类型的学生学习成绩一直较差。

4．全面后进

这类学生在问题学生中所占比例极小。他们在品行、纪律、学习等方面都存在着一定的问题，如果得不到及时、有效的教育转化，往往会对学生个体的健康发展产生恶劣的影响。

（三）从德、智、体全面发展的角度划分

从德、智、体全面发展的角度可将问题学生分为七类：

1．品优、学优、智劣型；

2．品优、学劣、智优型；

3．品劣、学优、智优型；

4．品优、学劣、智劣型；

5．品劣、学优、智劣型；

6．品劣、学劣、智优型；

7．品劣、学劣、智劣型。

（四）以产生问题行为的动机划分

我国心理学家左其沛等人比较完整地分析了520条问题学生的事例，根据产生问题行为的内部动因的角度，将问题学生分为过失型、品德不良型、攻击型和压抑型四个基本类型。四种类型问题学生的特征虽然各不相同，但是他们有一些共同点：一是道德无知，是非观念模糊；二是缺乏强烈的求知欲，学习能力较低，学习成绩较差；三是自尊、自傲、自卑、自弃交织在一起；四是意志薄弱。

综合上述观点，笔者认为问题学生可分为三大类：学习问题类、行为问题类和心理问题类。学习问题类的学生常见的问题有注意力不集中、偏科、马虎、厌学、经常不完成作业、学习成绩较差等；行为问题类学生常见的问题有经常迟到、贪小便宜、随意说谎、多动症、攻击性行为、顶撞老师、离家出走、抽烟喝酒等；心理问题类学生常见问题有迷恋网络、孤独、不合群、自残、暴力倾向、自卑、耐挫性差、焦虑等。

第三节　浅谈问题学生

一、国内外学者对问题学生成因述略

国内外学者对问题学生的成因进行了系统化的研究，其中有

代表性的说法是：

（一）钟启泉的因素说

关于"问题学生"的成因，我国学者钟启泉认为包括四个因素：人格因素、环境因素、身体因素、素质因素。这些因素并不是彼此孤立的，而是复杂地交织在一起，构成一般学生成为问题学生的总体因素。

（二）北尾伦彦的三层级说

关于造成学业不良的因素，日本学者北尾伦彦认为可分为三个层级：一次性因素，属于直接相关因素；二次性、三次性因素，属于间接相关因素。一次性因素分为教师方面的因素和学生方面的因素，二者相互关联，不可分割；二次性因素包括性格、兴趣、智力、动机等心理性因素；三次性因素是环境方面的条件，包括学校、班级、家庭等因素。

三层级说给人最大的启示是：问题学生的形成因素不是单一的。

（三）佐野良玉郎的双因素论

从身心两方面分析问题学生的成因，日本儿科医生佐野良玉郎提出了双因素论。他认为，问题学生的成因有两个因素：一是生理因素；二是心理因素。对孩子身心发展最重要的是双亲的养育态度。

（四）巴班斯基的同心圆论

苏联教育家 O.K. 巴班斯基认为，学业不良的原因包括内因与外因。内因是儿童身心发展上产生了障碍，是知识、技能的不足；外因方面，第一是教学上的缺陷，第二是包括家庭在内的校外影响的缺陷。这两种原因构成了一个同心圆，核心的圆表示内部条件，环绕它的一个个同心圆，表示一个个越来越间接地起作用的外部条件。

二、问题学生成因的多方面因素

综合上述国内外的研究成果可以看出，问题学生的形成从根本上说必须具有外因与内因。外因条件一般包括学校因素、家庭因素、社会因素三个方面；内因条件是指学生的自我因素，一般包括智力、人格、身体等。分析问题学生成因应从这几个因素入手。

学校因素中对学生发展影响最大的是学校的教育目的和教师的职业道德水准；家庭因素中对学生发展影响最大的是家庭生活方式和教育方式；社会因素包括政治、经济、文化等因素。其中，文化因素对学生发展影响最大。在三个外部因素中，对学生影响最直接的是学校因素，它在儿童身心发展中起主导作用。自我因素中影响学生发展的最主要因素是学生自我的成熟度。其实，许多问题学生的所谓"问题"产生的内在原因是其成熟度未达到当前年龄标准。所以，学生身上就表现出了形形色色的问题。每个学生都有自己的问题，但并非每个学生都是问题学生。问题学生是需要特殊的帮助而又没有得到及时帮助的少数学生。

（一）社会方面的原因

1. 伦理文化冲突带来的负面影响

从中西方伦理文化冲突导致的社会价值流变来看，不同的文化之间具有一定的相融性，同时也存在着差异性。正所谓"和而不同"，东西方的差异性使不同的文化共同走向繁荣。不同文化间的差异表现在空间与时间两个方面。空间差异决定了文化传播不能超越民族心理的承受能力；时间差异决定了文化传播不能无视民族文化传统。忽视了文化的时间差异，不同文化间的相融性就变成了冲突性，一旦这种冲突超出了应有的张力和维度，就会引起社会价值的迷乱，反映在青少年身上可表现为：追求当下的满足，否定社会价值；寻求感性刺激，丧失理性批判；讲究及时行乐，缺乏拼搏精神。

2．不良社会风气的影响

一些不良社会风气影响着正在成长中的青少年学生。有这样一则故事：成成是一名10岁的小学三年级学生。妈妈问她打算怎样利用今年的压岁钱，成成回答，要买几份礼物，等到开学后送给班上的几位老师和"用得上"的班干部。给老师送礼，老师对自己就多照顾一些，比如上课回答问题错了，老师不好意思批评。至于给班干部送礼则是为了和班干部搞好关系，以后肯定没有亏吃。

3．网络的负面影响

网络改变了青少年的学习方式、生活方式和交往方式，以一种崭新的面貌走进了他们的生活。这种新的技术以其神奇的力量影响着青少年的精神世界。它的影响既有积极的一面，也有消极的一面。消极的影响主要反映在网络使用不当影响青少年的价值观、思维、人格及道德等：有的青少年学生患上网络成瘾症，包括网络游戏成瘾症和网络色情成瘾症；有的长时间处于虚拟环境中，导致自我中心主义严重膨胀；有的逃避现实社会，处世态度消极；有的逃避社会责任和规范的束缚，挑战社会权威……这些社会现象早已引起了世界各国专家的关注。韩国延世大学医学院小儿精神科教授申宜真警告说："现在的孩子们从小就开始热衷于竞争。除了网络外，他们不知道还有什么方法可以缓解精神压力。在人格形成期就错误地追求刺激，等到成年后，性格很可能会变得具有攻击性。"

4．市场经济的负面影响

市场经济是一柄双刃剑，在创造着巨大的社会财富和高度的物质文明的同时，也滋生出了享乐主义和拜金主义，致使人们在物质财富与精神财富的追求之间失衡。这种社会现象对处于成长期的学生产生了不良影响。

（二）学校教育原因

1．主要教育目的的偏差

在"为应试而教，为应试而学"思想的影响下，相当一些学校以升学为主要教育目的，升学率成了衡量学校一切工作的根本尺度。在这种价值取向的引导下，学校的评价标准以升学率为主要指标，以分数为核心。这种评价思想与方法是"造就"一批批问题学生的根源。实际上，每个学生都有着多方面的才华与能力，每个学生都有自己的智力优势。而在以分数为核心的评价标准的影响下，那些学习成绩一般的学生永远没有自己的舞台与空间。长此以往，他们会丧失前进的动力与信心。

2．少数教师职业道德与职业素质偏低

目前，少数教师职业道德与业务素质的状况令人担忧。有的教师失去了教师应有的道德操守，只把教书当作谋生的手段，只教书，不育人，学生在成长中出现问题时，缺乏应有的责任心和耐心；有的教师对暂时后进的学生动辄挖苦、讥讽、责骂，甚至体罚和变相体罚，致使这些学生丧失了学习兴趣和自信心，厌学情绪滋生；有的教师虽然对学生抱有热情，但抱有"恨铁不成钢"的心理，缺少必要的教书育人的专业知识，不了解青少年的心理特征，不懂得教育规律，教育方法单一；有的教师不能透彻理解教材，讲授不清晰，课后又不能及时给予适当的辅导，使有些学生成绩越来越差；有的教师对学生不能一视同仁，致使一些学生成为班级中被遗忘的人。少数教师素质的低下是形成问题学生的重要原因。

3．低效、无效教学

教学内容和教学过程脱离现实生活，缺乏对学生内在需要的了解，无法激发学生学习动机与学习兴趣，使原本充满求知欲的学生彻底丧失了学习的积极性，课堂生活失去了活力。一些教师"一言堂""满堂灌"的教学方法剥夺了学生的好奇心与求知欲。

4．课业负担过重

课业负担过重，练习内容过深过难，频繁的考试和排名次，致使一些学生的心理产生变化，他们开始厌学，考试焦虑，自信心丧失殆尽，逐渐成为问题学生。

（三）家庭的原因

1．父母教育方式影响

这些学生父母的教育方式可分为三种类型：只爱不管型、只管不爱型、不爱不管型。

（1）溺爱型，即只爱不管型

家长对孩子无原则地溺爱和袒护，宠爱有加，百依百顺。孩子成了家庭的中心和主角，父母的主要精力放在孩子的吃、穿、用上，对学习关心甚少。即使孩子在外面做了错事，少数父母也不认为孩子错了，甚至为其辩解，进行包庇，不与学校密切配合，使学校教育和家庭教育脱节。父母这样的教育方式最容易养成孩子骄横不讲理、自我中心、唯我独尊、任性妄为的性格。

（2）严苛型，即只管不爱型

父母教育方式的根本特征是简单粗暴，缺少甚至没有说服教育，代之以打骂。孩子稍有差错，不是拳打脚踢，就是棍棒相加。孩子缺少家庭的温暖，怨恨之心逐渐形成。与这种棍棒教育相伴的是训斥教育。家长稍不顺意，便恶语相加，讽刺挖苦，或者唠唠叨叨，没完没了，使孩子生厌，形成逆反心理。

（3）放任型，即不爱不管型

所谓不爱不管其实就是撒手不管。孩子出现了问题，家长往往听之任之，这对处于成长之中、缺乏基本判断能力的孩子来说是最危险的，极容易放任孩子走向邪路。

2. 父母文化背景的影响

父母思想品德和文化素质的高低对孩子成长的影响是最直接、最重要的。父母是孩子人生路上的第一位老师。如果父母道德水准低下，谈吐粗野，思想愚昧，视野狭隘，生活方式不良，甚至迷信、赌博，对孩子的恶劣影响是不言而喻的。问题家长造就问题学生。

3. 家庭结构的影响

随着社会的发展，虽然多子女家庭开始增多，但仍有很多学生是独生子女。另外，不完全家庭也正日益增多。

三口之家在教育上所带来的是独生子女教育问题。学者们对独生子女研究的基本观点是，独生子女的心理具有特异性。独生子女比非独生子女挑剔，不爱惜东西，无理取闹，对同伴不友爱，胆小懦弱，自理能力差，不尊敬长辈，爱发脾气。焦书兰、纪桂平、荆其诚等学者的报告指出，独生子女表现为自我中心，其独立思考、合作性、坚持性等方面比非独生子女差。林崇德的调查结果是，独生子女的情绪情感特征非常突出，特别是消极的特征，如较任性、爱激动、好发脾气等。

不完全家庭有两种情况，一种是单亲家庭，一种是留守家庭。近年来，由于多方面的原因，不完全家庭的子女越来越多，他们的心理问题也越来越多：有的内向、冷漠、任性、偏激；有的孤僻、自卑、嫉妒、多疑；有的性情粗暴，严重厌学，极度反叛；有的自信心不足，缺乏上进心；有的沉迷于网络游戏而不能自拔。

4. 家庭经济背景的影响

家庭经济困难的学生容易形成自卑、偏执、嫉妒、愤世嫉俗等不良心理，而家庭经济状况好的学生容易形成自我中心、自私、固执、不容人等不良心理，进取心不强，生活自理能力较差。

（四）自身的原因

1. 性格不成熟

青少年学生正处于性格发展时期，其成熟度较低，主要表现为意志力和自我约束力弱，容易受外界的干扰，对客观事物难以形成正确的认知，易受情感迁移。同时，由于家长的溺爱与过度保护，有的青少年学生我行我素，依赖性强。这是相当一部分问题学生的共同心理特征。

2. 缺乏基本道德判断力

青少年学生由于缺乏基本道德判断能力，往往对人对事只凭感情用事，不问是非曲直。有的学生缺乏正确的荣辱感，有的甚至是非颠倒。这种是非上的错误和颠倒，对青少年学生的成长影响极大。

3. 基础学力的欠缺

基础学力包括读、写、算等基本学习能力。一些学生由于各种各样的原因，形成了阅读障碍、写作障碍、计算障碍。这些障碍严重影响了学生学业成绩的提高。学生的学业成绩长期偏低，会使其心理产生较强的负面影响，学生会怀疑自己的能力，失去信心，进而产生强烈的厌学情绪，最终成为问题学生。

与基础学力紧密相关的是学习习惯、学习兴趣、学习方法和学习动机。长期以来，重成绩轻习惯，重知识轻方法的传统教学严重影响学生基础学力的提高。比知识重要的是方法，比成绩重要的是习惯。正确的学习方法、良好的学习习惯将影响学生的一生。学习兴趣与学习动机是学生学习的内驱力，或者说是原动力。如果学生的学习动机不稳定，学习兴趣不持久，就会常常被其他诱因所左右，遇到困难和挫折不能知难而进。

4．人际关系偏离

人际关系是青少年学生成长的重要社会、心理环境。青少年学生的人际关系最重要的有三种：亲子关系、师生关系、同伴关系。亲子关系和师生关系中起主导作用的是成人，而同伴关系是两个或两个以上年龄相同或相近的学生间的关系。在与同伴的相处中，儿童学会了合作、友爱，学会了共同生活，因此，良好的同伴关系对促进学生的社会化、形成健康的人格具有重要作用。一些青少年学生由于自身性格等方面的原因，不会与同伴相处，要么我行我素，以自我中心，要么孤立偏执，不合群，导致同伴关系紧张。

第二章

问题学生的教育

第一节　问题学生教育的意义

一、有助于促进问题学生的身心发展

对问题学生的教育是一种负责任的教育行为。它的主旨在于纠偏补弊，使问题学生回归身心健康、全面发展的正常轨道。因此，对问题学生教育的过程，事实上就是为问题学生的健康、全面发展提供全面教育与综合服务的过程。在这个过程中，教师要做到爱心与理性同在，"一切孩子的发展"与"孩子的一切发展"同在，学校教育、家庭教育、社会教育同在。尤为难能可贵的是，问题学生教育的顺利开展要求广大教师必须将温暖的关怀倾注到那些暂时偏离正常发展轨道的学生身上；没有因材施教的眼光和方法，没有对学生家庭成长环境，身体健康状况，同伴关系以及兴趣、爱好、需要、动机、性格、气质、能力等方面的细腻观察和深刻体味，就不可能做好这一工作。转化一个孩子，就是使这个孩子的眼前多一分光明的未来，心底多一分健康成长、走向成功的自信与快乐。因此，对问题学生教育的意义不仅影响于当下，而且有利于学生的终身发展。

二、有助于化解师生矛盾

教师危机的根源来自多方面，但问题学生的普遍存在与不断产生无疑是重要根源之一。客观地说，问题学生可能因学习成绩不好影响教师的教学成绩，可能因不可控制的行为问题诱发师生矛盾和班级人际冲突，也可能因为不健康的心理问题导致消极事件的发生。他们就好比木桶的短板，直接影响到学校对教师工作成绩的认可、社会对教师的评价，也会影响教师在班集体中、同事群体中的威信，甚至能影响教师每日工作的情绪状态和自我效

能感。所以，很多班主任和任课教师都担心班级里出现问题学生。一旦问题学生真的出现什么"问题"，就会有个别教师对其采取消极态度，或者进行不当的教育。然而，教师的生命价值体现在教育对象的健康和全面发展上。从这个意义上说，问题学生因其问题延误了自身的健康和全面发展，这才是教师教育过程中的最大危机。从这一点上来说，务实地对问题学生从事教育和转化工作，才是化解教师危机的良途。

三、有助于促进班主任专业化发展

问题学生教育显然是一项专业性很强的工作。从事这项工作的教师需要具备良好的素质，能够时刻为学生的成长奉献自己的爱心。教师需要具备扎实的学科理论知识和教育理论知识，尤其要具备相关的心理学、教育学、社会学知识，从而在认识论层面上能够高屋建瓴地审视问题，在方法论层面上能够游刃有余地处理问题。教师需要具有灵活应对、驾轻就熟的实践能力，能够在具体的教育情境中充分运用自己的智慧。尤其要强调的是，问题学生转化的前提是对他们进行全面而深入的分析研究，这就要求教师能够在研究中重新认识问题学生，探寻深层成因，最终解决问题，促进学生健康发展。这是一个充满挑战的反思性实践过程。

四、有助于营造良好的学校环境

从教育生态学的视角来看，班级作为一个生态系统，其内部各个因素之间、各因素与整体系统之间都存在着千丝万缕的联系。问题学生的产生，可能正是由于受了班级整体的学习环境与心理环境的不良影响，或者与整体环境的关系失调有关。问题学生的存在，显然会在一定程度上对班级乃至学校的学习环境和学生群体的心理环境构成消极影响。因此，对问题学生的教育虽牵一发，须动全身;对问题学生的转化工作既要在细处着手,做好问题学生自身的心理教育工作,又要从大处着眼,从整体上改善班级和学校的学习环境。有时,教师与问题学生单独面对面地直接接触,还不如抓大环境,比如抓班风建设,抓良好师生关系、同伴关系的建设,以暗示和熏陶的方式间接地促进问题学生的转变。

五、有助于整合家庭、学校与社会各方面的教育力量

问题学生的产生与存在,使人们将教育研究与实践的视野变得更加开阔。学生的身心发展状态是学生与环境相互作用的结果。面对问题学生,需要关注的不是眼前这个孤立的学生,而是某个环境中的学生,进而探寻学生背后的某种或某几种环境的关联。大到政治、经济、文化背景,中到学生的家庭状况、生活条件、学生周围的社会风气、群体舆论,小到学生的内在心理及言行表现等,都应在关注范围之内。问题学生的转化需要一种和谐的生态文化、教育视角、实践理性以及具体的方法论。与此相对应,问题学生的转化过程,正是整合家庭、学校与社会各方面教育力量,营造更为广阔的生态化环境的过程。

第二节 问题学生教育的原则

一、因材施教

正如世界上没有两片完全相同的树叶,问题学生也各不相同。如何看待问题学生的差异,如何干预这种差异,是问题学生教育的两个根本性课题。

(一)问题学生的个别差异性

学生差异是指每个学生在情感、认识、意志等心理活动过程中所表现出来的相对稳定的生理、心理特点的差异。它表现在质

和量两个方面，质的差异指心理、生理特点的不同及行为方式上的不同，量的差异指发展水平的高低和发展速度的快慢。

具体而言，学生差异表现为性格和气质差异、能力差异、兴趣差异、思维（认知）差异、情感体验差异等诸多方面。

相对于没有偏离发展常态的学生而言，问题学生的学生差异自有其特殊性。

那么，应该如何看待呢？我们认为，有如下几个视角：

1．问题学生的行为表现

问题学生的行为各式各样。虽然这只是一种表象，但这些表象使得问题学生能够在某种情境中为人所甄别。比如学业不良的学生，在课堂教学、家庭作业、考试中总是有着令教师和父母头疼、焦急、费解的行为表现。在这个意义上，其行为表现作为问题及其成因的提示线索而存在。这意味着：

（1）每个问题学生都具有独特的行为特质及心理特征。

与其他人相比，问题学生某一侧面的行为特质及心理特征对其正常发展具有向负面转化的功能。

（2）每个问题学生的背后都有特殊的形成原因与发展机制。

问题学生的形成原因与发展机制的复杂性易为人关注，但其特殊性却往往被忽视。由于以往研究的宏大叙事视角以及教师自身的责任感不足、教育精力不够，我们往往将这种至关重要的特殊性弃置于视野的盲区。然而，如果一名研究者或教师真的能够沉下心来，关注问题学生的生活，那么，不难发现其所处的诸多具体情境及当下心理经验具有不可逆性和不可复制性。这种特殊性的客观存在，要求教师只有针对问题，多做个人化的、具体化的探讨，才能澄清问题背后的东西，使教育工作真正收到实效。

2．问题学生差异的特殊性

相对而言，问题学生的学生差异并非一无是处，但其中的某一侧面标示了这种差异的特殊性，表现在：

（1）在这个侧面的牵引下，问题学生偏离了正常的发展轨道。

（2）在这个侧面的负向功能作用下，问题学生与其他学生在发展的行为特征、心理特征、发展速度与水平上存在差异性。这提示我们：忽视问题学生的学生差异，后果是严重的。

3．问题学生差异的存在状态

问题本身具有情境特异性，这意味着：上述问题学生背后的特殊性并不是任意地表现出来，只有在某些特定情境中才表现出来。也就是说，在日常生活的一般情境中，如果这些问题得不到外界环境的激发，将会成为内部隐患存在着。这是因为：

（1）问题学生的心理特征是内隐的，即导致问题的问题源是内隐的。这也是问题学生的很多问题让人困惑的原因。

（2）成人认知偏差的主观性对问题的过滤。成人的认知偏差的主观性形成成人的视野盲区。即使面对已经很严重的问题，很多成人仍然视而不见。成人的视野盲区使这些问题被迫"内隐"起来。

（3）问题本身的复杂性。复杂的问题令人眩惑，很多深层问题因此很难被发现。

（4）问题学生的个别特质，如成绩好、纪律好等，使其他问题得到遮蔽和忽视。

然而问题终将暴露出来，这是由问题学生本身的性格决定的，这种性格是问题内隐性与情境特异性的必然联系。在性格的推动下，只要遇到合适的时机，这些问题就会暴露出来。20世纪50年代以来，学生差异的研究逐渐被性向研究所代替。性向作为某种特定情形下行为的预先倾向性或适合性，既包括意志，也涉及情感；既包括能力，也涉及个性；而且暗含着个人与环境相互作用的特征。所以，性向研究在教育、教学以及社会决策和规划的许多领域中均具有重要意义。

4．问题学生差异的意义

一方面，这种某一侧面的学生差异干扰、威胁着问题学生的健康、全面发展。但另一方面，这些差异也为问题学生的正常发展提供了反向的动力，如自卑可能是学习刻苦的开始；浪子回头是学生实现生命价值的开始；认知失调是新的系统平衡的开始。同时，教育问题学生的亲历体验，也在无形中丰富了教师的问题学生教育经验，促进了教师的专业化发展。

（二）如何干预问题学生的学生差异

1．以教育爱关注问题学生

比之其他学生，问题学生心中常常存在双重苦恼：一是问题本身给他们带来的焦虑、困难和压力；二是问题得不到关注、理解或者被误解，因而给学生造成失落感和自卑感，甚至是愤怒感。因此，问题学生的发展迫切需要足够的爱。真正的爱，不是偏爱、溺爱、肤浅的爱，而是博大、公正、细腻的爱。关注问题学生的学生差异，理应是教育议题中应有之义。

2．以科学的态度面对问题学生

态度是认知、情感与行为倾向的总和。面对问题学生，教师应认识到：

（1）并非问题学生差异的各个要素都出了问题，出问题的要素只是有限的。

（2）这些要素对学生身心的健康发展具有负面功能，因此，必须高度重视，并立即采取行动。

（3）这些要素首先需要更多的保护，而不是强烈的打击。给问题学生"贴标签"的做法，事实上是很不合适的。

（4）这些要素标示学生身心正常发展过程中的暂时偏离，可以通过科学的方法给予矫正。

3．以科学的理论与实践透视问题学生

如前所述，理论是"显微镜"，也是"望远镜"。没有科学的理论作为指导，就难以看到问题背后的广阔背景及其因素，更看不到问题学生可能会拥有美好的未来。与此同时，教师还要在理论的引导下，敢于去碰"棘手的刺猬"和"烫手的山芋"。温暖的教育实践迎来的将是孩子会心的微笑和成长的硕果。

4．以科学的方法干预问题学生

问题学生差异的性质、特点和影响，决定了我们必须采取科学的方法给以干预。这些方法有：

（1）个别教育法。个别教育法的本质是因材施教，其特点是：在教学目标上有针对性；在教学内容上精心安排；在教学策略上灵活、适用；在教学环境上安全、温暖，带有一定的保密性质；在教学反馈上及时强化；在教学评价上灵活调整标准，做发展性评价。

（2）家校协作法。实践证明，最好的干预是家校配合的干预。

（3）专门的心理辅导方法，如精神分析法、游戏法、渐隐法、替代性学习等。

二、助人自助

助人自助，即协助问题学生，问题学生自己帮助自己，求得问题转化。这一原则有两重含义：首先，问题学生的转化必须借助一定的外力；然后，问题学生的转化最终必须依靠问题学生自己来实现。这意味着问题学生转化必须以问题学生自身为主体，其自身内部力量是最终实现转化的主要条件；但外部力量对主体性的发挥起了推动作用，这种外部力量正是整合多重人际关系的结果。换言之，协调各方教育力量，建立和展开和谐、平等的人际关系，是实现有效转化的辅助条件。

（一）以问题学生本身为问题转化的主体

当代教育理论认为，学生作为主体的人，在认识问题、分析问题、解决问题上具有主观能动性。问题学生虽然有"问题"，与其他学生相比有"缺陷"，但他们仍然是主体。在解决问题、转变生命状态的过程中，问题学生作为主体的主观能动性对转化的实现起着关键的作用。

1. 问题学生只是在发展过程中出现了心理及行为的偏差，但他们仍然具有独立的自我意识，仍然具有自己的价值和意愿。问题学生的主体性主要表现在：

（1）问题学生仍然具有自我意识

问题学生自我意识的本质，是学生自觉到自己的处境、焦虑、理想与选择的意识。这种意识是推动他们反思自我并超越现实的力量。

（2）问题学生仍然具有独立的价值追求和自主的意愿

遗憾的是，问题学生的成长过程不断遭遇各种冲突。这些冲突既反映在其精神世界内部，也反映在其与环境的外部关系上。问题学生自身心理的不成熟、身心发展阶段的特殊性，以及与外界环境之间关系的复杂性，使他们很难顺利地化解这些冲突。

2. 教师的教育、转化是外因，问题学生的自我教育和转化是内因。外因只有通过内因才能起作用。教师的教育、转化只能通过问题学生的自我调整和转化才能实现正向发展。

（1）现代儿童发展理论告诉我们，中小学生的发展自始至终是一种生命主体的自我调节活动。外界环境的刺激，只有成为主体的选择对象时，才会对主体的发展产生影响。

（2）问题学生的问题往往和他内在的、个人的成长联系在一起，教师的帮助只是引领问题学生深层次地发现这种联系，最终战胜困难还取决于问题学生自身。

（二）以建立和谐、平等的关系为问题转化的辅助条件

问题学生的转化必须借助于和谐、平等的人际关系才能建立和展开，必须借助各方教育力量的整合。其主要原因在于：

1. 问题学生的自我观念较差，自尊心较差（或较高），自我反省、自我调控、自我指导的心理动力和能力较弱，必须借助各方面外部教育力量的整合与推动，才能促使他们有勇气面对自身的困难；

2. 其问题的重要成因是学生与外部环境之间的关系不协调，所以，其生命状态的更新有赖于两者关系的重建。

这些关系本质上是一种协助关系，包括师生关系、亲子关系、同伴关系以及其他外部环境与学生主体自身的关系等。其中，师生关系是最主要的。这是因为：

1. 教师是学校情境中促进学生身心健康和德智体发展的第一责任人，理应对问题学生的转化工作承担使命；

2. 中小学生受教育的时间与地点集中在学校，其认知、情感及价值观等的形成主要是由教师引导的；

3. 问题学生的问题一部分取决于教师，有赖于师生关系的重建；

4. 中小学生在心理上具有向师性，教师对学生的一言一行在一定程度上具有专业权威意义；

5. 亲子关系、同伴关系以及其他关系的建立有赖于良好师生

关系的建立。上述原因决定了问题学生转化的过程也是师生关系发展的过程。

三、循序渐进

人的生命史、大脑发育、受教育时间、认知发展、教育空间等都是有序的。从某种角度看，伦理、逻辑、结构、过程、策略等都存在着某种"序"。这种"序"，是学生生命与自然、社会、他人以及自我和谐共处的表征，是学生生命健康和全面发展的条件和产物，是人的各个发展阶段及身心要素的合理衔接、适度影响、科学关联、相互适应与平衡。"序"对于人的发展具有重要意义：有序，就能够促进发展；失序，就会阻碍发展。

从这个意义来看，问题学生之所以产生问题，很大程度上是因为"失序"：

1．外因是外部环境失序；

2．内因是学生主体自我心理世界失序；

3．直接诱因是学生主体与外部环境之间的关系失序。

学生的学习表现与行为表现失序，只是一种外显现象，是一种问题表征。现象隐藏问题，问题隐藏根源，找到失序的深层原因，尝试重建或恢复主体内部心理世界之序及其与外部环境关系之序，正是问题学生转化的关键。

由冲突而失序，再到重整而有序，要循序渐进。这是问题学生转化的客观要求，也是做好这一工作所应遵循的基本原则之一。要做到这一点，需要做到：

1．循序渐进地认识问题

一方面，要遵循事物发展的逻辑顺序来关注问题，从简单的外显行为去体察隐藏在背后的复杂心理问题与外部环境影响，从表层的现象去追问深层的问题，从可见的行为表征中去捕捉不可见的心理轨迹,从历次特殊情境中的言行表现去总结一般性的活动规律。只有这样,我们才能逐步明确我们面对的问题到底是什么。另一方面,要深入到问题的核心来考察问题。问题学生的问题多属于结构不良问题,结构不良问题又多因事物内部各个要素之间的关联失序(认识这些问题,主要是认识其中各种要素是如何关联才导致问题结构不良的)。只有这样,我们才能科学地为问题学生产生的问题定义和定性。

2. 循序渐进地分析问题

一方面要遵循当下学生的年龄,遵循人生发展的各个阶段来分析其基本生命状态,从而明确问题学生的身心发展所处的阶段及年龄特点,明确问题学生在某个人生发展阶段所遭受的破坏和创伤性事件,明确问题学生的当下行为选择与外部环境之间的关系;另一方面要遵循学生生命发展的心理顺序,深入地体察学生心理诸多要素、各种经验、表现形式或心理能力之间的秩序状态,从而准确地了解、描述和解释主体的自我概念,具体考查学生心理中诸多要素、各种经验、表现形式或心理能力之间的冲突与平衡。

3. 循序渐进地解决问题

一方面要注意解决问题的阶段或步骤之间的基本次序,另一方面要注意问题解决的方法之间的组合方式与实施次序。这首先意味着问题解决的计划性;其次意味着问题解决要渐次而行;再次意味着问题解决方式、方法的科学选择与巧妙搭配。

四、无病假设原则

无病假设不仅是问题学生教育的逻辑起点,而且还是重要的实践原则之一。无病假设的基本含义是:在问题学生教育和转化过程中,教师假设这个学生在心理方面是健康的。所以,坚持这个原则由如下因素决定的：

（一）问题本身的性质及状态

就学生而言，其问题具有如下性质：

1．发展性

许多看似有问题的行为其实只是正常发展过程中的偏离，这种偏离的出现，或许预示着学生的身心发展进入了一个崭新的阶段。这种偏离的矫正或解决，对于中小学生的健康发展具有积极的推动作用。

2．暂时性

问题不可能无限期地存在下去。教师可以通过积极诱导、科学矫正、适时咨询等方法，最终解决问题，使学生的身心健康发展。

3．局部性

如前所述，某个问题只发生在学生人格结构的某几个要素之间。但这些问题相当于木桶中的"短板"，需要及早处理。

4．情境特异性

情境特异性是指青少年的行为不是任意、随机地表现出来的，某些问题的发生是因情境而异的。正因如此，不难发现某些问题可能只是一时情境激发的结果，还不至于成为稳定的、病态的行为特质和心理特征。当然，对问题学生的关注不能因此而停止。

（二）有病假设及误人的"贴标签"

"贴标签"常常用来形容人们用自己的价值观来评价他人的行为。个别教育者总是给孩子贴上这样那样的标签，比如认为某个问题学生"心理有病"，就给这个学生贴上了这个十分不光彩的标签。这样做的后果是非常消极的。其可能引起的后果有：

1．自我应验的预言效应与得过且过心理

"贴标签"可能导致被贴标签者产生自我应验的预言效应，

在一定程度上放大了越轨的行为,导致越轨行为的加剧。也就是说,当一个人表现出与社会主流规范不符的行为并被抓住后,经过一系列正式的"标认、界定、识别、分离和强调"的贴标签过程之后,突出了越轨者与他人的不同。如果这种被贴标签的经历给学生的印象非常深刻,学生就会接受社会强加于他的这些定义,进而顺应社会对他的评价。这种对外界评价的依随性,会使学生得过且过,使问题加剧。

2. 严重的自我心理危机

问题学生接受教育的心理条件具有特殊性。问题学生往往心理脆弱,自我安全感低,更需要被尊重、被保护。但被贴上标签以后,这些学生在群体中往往无地自容,自我安全感受到严重威胁,其固有的不良心理也可能因此加剧。有些比较严重、比较隐蔽的问题可能被引发,后果不堪设想。

由此看来,在问题学生的教育上,必须坚持"无病假设"原则。这一原则的潜台词是对问题学生的尊重和爱护。要做到这一点,教师须从如下三个方面努力:

(1)摘下来自社会及自身的有色眼镜,科学、客观地看待这些问题。只有这样,教师才能看清问题的本质。

(2)相信心理科学,不给问题学生"贴标签",以便为教育工作的开展创造良好的心理条件和师生关系条件。

(3)在问题解决的起点上保持价值中立。"无病假设"的本质就是价值中立,即面对教育的对象及其问题,尽量不加入自己主观的价值选择和价值判断。价值中立在问题学生教育上不容易做到,因为教育者在接触问题学生的过程中不可避免地带有价值判断。有时,问题学生也确实需要这种判断的干预,如奖励与赞扬。但在教育的起点上,教师保持价值中立无疑有益于客观、稳妥地开展工作。

第三节　问题学生转化方法

　　问题学生的转化方法是实现问题学生转化所需的方式、手段及技术的总和。这一总和多种多样。方法的选择和使用一向带有专业性，这种专业性就问题学生转化方法而言体现在两个方面：一方面是方法选择的情境性。转化方法因问题解决的需要而产生，所以选择方法时要考虑具体情境。有时，一种情境需要兼用多种方法；有时，一种方法可以支持多种情境，各种情形，不一而足。这就要求我们在选择方法时既要灵活，有针对性，又要充分考虑情境中具体的人人关系、人事关系、人物关系。另一方面是方法使用的技术性。这种技术性体现在：转化方法指向特定转化目标的实现；转化方法需要具体的技术、工具、手段或活动方式的支持；转化方法的使用需要把握一定的时机、分寸。这样的方法才是可操作的。

一、暗示法

　　暗示是在无对抗条件下，行为主体借助语言、面部表情、动作或其他信号和暗号，含蓄且间接地向对方表达自己的理解或期待，以对其心理及行为产生影响，这也是一种教育方式。从实施暗示所借助的手段看，暗示法可分为语言暗示、书面暗示和身势暗示。在表达教师对学生行为的理解或期待时，书面暗示可以借助周记、作业批改、评语与贺卡等书面形式；语言暗示可以借助幽默风趣的语言；身势暗示借助教师的身体动作。从暗示的来源看，暗示可分为自我暗示、他人暗示和环境暗示等。自我暗示是用良性的语言引导自我向着良性心理及行为方向努力的一种方法。

它借助自我内心对话的关系，也就是通过自己对自己说话的方式，对自己反复进行简单、积极、肯定的话语激励。他人暗示是指对问题学生的身心发展构成重要影响的他人，如教师、父母等，借助良好的师生关系、亲子关系，利用上述三种暗示手段对问题学生进行暗示的方法。环境暗示也叫环境熏陶法，是一种隐性教育法。它通常表现为利用优美的学校学习环境和和谐、平等的心理环境影响问题学生。

二、事例法

事例法是通过对问题学生成长经历中发生的具体事例的起因、情节、情境、后果、性质进行具体分析和评价，进而具体指导问题学生找到科学解决策略的一种方法。在这种方法的使用过程中，教师应该注意以下几点：

1. 事例应是客观存在的。眼见为实，耳听为虚。在这一点上，教师不应依据道听途说轻易对问题学生下定论。

2. 事例最好是新近发生的，使问题学生印象深刻，因此其教育价值也就相对较大；对曾经发生的消极事件，教师不宜过多提及，以免给学生留下"翻老账"的印象。

3. 对事例的关注要全面、具体，分析要到位，归因要科学，评价要稳妥精当。这有利于学生尊重和信服教师。

4. 教师要鲜明地表明自己的立场，指明学生努力的方向，并在平等对话的基础上，提出解决问题的策略。

三、互助法

学生同伴群体一般由家庭背景、个性特点、年龄、兴趣爱好、是非观等方面比较接近的成员组成，彼此间的心理相容程度较高，相互影响较大。教师在使用这种方法时应该注意以下几点：

1. 教师要积极关注问题学生身边的同伴，以促成具有教育价值的同伴关系的建立和深化。

2．教师要善于发动、借助那些具有健康心理和良好行为习惯的同伴对问题学生施加影响，也可以在班级内部开展"手拉手""一帮一结对帮扶"活动，充分发挥非问题学生在心理品质、学习、行为等多方面对同伴的影响力。

四、锻炼法

健康的心理品质是学生在实践活动中培养和发展起来的。所以，为了转化问题学生，必须根据问题的性质、特点，有目的地选择或创设校内外实践情境，有计划地组织系列实践活动，有针对性地给予实践指导。问题学生的积极参与，给他们自己带来了丰富的心理体验，无疑有助于学生良性心理及行为习惯的不断建构。使用这种方法，教师应该注意如下几点：

1．实践活动应有针对性，即目标要明确，主题要鲜明，时机要恰当。

2．实践活动形式应多种多样，防止学生产生厌烦心理。

3．实践活动的程序应详细安排，如需取得有关单位或个人的配合，应提前与他们打好招呼。

4．实践活动过程中，教师要随时保持和问题学生的联系和对话，以实现对问题学生的积极引导。

5．实践活动结束后，教师可引导参与者彼此之间展开讨论，或利用文本写作深化其心理体验。

五、心理辅导法

这是一种利用谈心、讲座、咨询、测验等手段，辅导学生克服心理障碍、增强心理健康的方法。这种方法适用面比较广，对有心理问题、学习问题及行为问题的学生都可以施用。其具体形式有四种：

1. 师生谈心

师生之间真诚、开放、平等的对话有助于教师了解具体情况，也有利于问题学生缓解心理压力，袒露心扉。

2. 个别辅导与团体辅导

教师可以依据心理健康教育及问题学生转化的基本理论，合理安排心理辅导的程序，科学利用心理辅导的各种工具、技术，面对学生或团体进行辅导。

3. 心理讲座

针对多发性、普遍性的问题，教师可举办心理讲座，传播心理健康知识。

4. 心理测验

根据问题学生辅导之需，教师要科学选择心理量表或自行设计测试题，对问题现状、学生态度倾向、影响因素等进行科学考量、调查和分析。

心理辅导法的施用过程正是上述四种形式交叉并用的过程。使用这种方法要注意几点：一要保证辅导的专业性。心理辅导的顺利展开，需要有专业的心理辅导教师，需要有专业的心理辅导理论、方法、工具作为支持。二要辅导目标明确，不能无的放矢。三要注意平等、开放的辅导关系的建立。四要注意为问题学生或团体提供安全温暖的辅导环境。五要遵循因人施教、助人自助、循序渐进、无病假设等几个基本的问题学生转化原则。

六、角色扮演法

角色扮演法是通过创设表演情境，让学生亲自扮演一些角色，重现问题发生的部分场景、情节及后果，从而真实地表露自己或角色的人格、情感、人际关系和内心冲突等心理问题，充分地体验发生问题时给自己、他人乃至群体环境所带来的不良影响。这是心理辅导中"心理剧"的一种形式。例如，对考试产生焦虑的学生，可以设计模拟考试的场景，对其反复训练，不断对此类场景加以重复，使他们的焦虑心态逐步消退。角色扮演的教育对象既包括台上的角色扮演者，也包括台下的观察者。它能让角色扮演者忘却自我，尽兴表演，也能让观察者透视表演情境，从中自省。其主要作用是：

1．让角色扮演者的情感充分宣泄出来。问题学生可以借助角色扮演的方式当众把自己的焦虑和苦恼讲出来，以消除思想上的压力和自卑感。

2．让角色扮演者体验理想角色的处境，消除人际关系的误会和不必要的猜疑。

3．由于是面对观众的现场参与，可以增强受教育者对环境的适应能力和随机应变能力，克服自卑、羞怯、焦虑等不良心理，培养学生的交往能力。

4．观察者可以借助台上的表演，经历一段比较完整的自我心理观察与辅导过程。

七、渗透法

渗透法是针对问题学生教育和转化的需要，根据各科课堂教学的基本内容及特点采取相应的心理教育的方法。课堂教学是学校教育的主渠道，同时也是开展心理健康教育、实施问题学生教育与转化的基本途径。所以，问题学生转化及相关的心理健康教育必须和各科教学有机结合起来。使用这种方法，教师应该注意以下几点：

1．要依据学科课堂教学的基本内容及特点来挖掘和选择潜在的心理教育内容，不能无视学科，否则难免牵强附会、喧宾夺主。

2．所渗透内容应适应问题学生教育的需要。满足当下问题学生教育和转化之需是挖掘和选择这些潜在内容的依据。

3．要注意把握教育的时机和时间。作为一种教育渗透，在时机上要恰当，在时间上应点到即止，不宜拖沓。

4．渗透这些内容时应注意贯彻心理健康教育的原则，如兴趣原则、和谐原则或成功原则。这样才能充分激发学生的学习动机和兴趣，丰富学生的成功体验，从而使学生的良性心理及行为品质得到良好的滋养。

八、评价法

评价法是根据问题学生指向问题转化的行为表现，对问题学生转化的努力、转化任务的落实情况及行为矫正、心理转化的效果，做出科学评定和积极评价的一种方法。这种方法根据评价的主体可以分为自评、教师评价和集体评价，其突出特点有四点：激励性、指导性、客观性、科学性。激励性是指评价能够基于问题学生的努力及闪光点对其进行必要的肯定和鼓励，即评价的意义在于认同"你真行""你最棒"；指导性是指评价的过程及结果有助于问题学生明确其学习与发展的方向与目标，从而扬长避短；客观性是指评价以具体事实为基础，以转化目标为衡量标准，对转化的过程与结果做出诊断性的判断；科学性是指评价法的运用要充分考虑问题学生的身心发展阶段及特点，严格遵循学生身心发展的规律。使用这些方法应该注意：

1．尊重学生，不轻易做出否定评价；

2．充分发挥学生的主体性。学生自评或在小组讨论基础上做出的集体评价，比较容易被学生接受。

九、示范法

示范法是用典型人物或事件的教育价值或他们成长中的教训对问题学生正面教育的一种方法。典型的人物和事例有正面的，也有反面的。要在问题学生身边寻找各种正面典型，树立不同层次的榜样，才能使学生感到可亲、可信、可学，从而找到改善自身行为的方向；要从媒体、校园周边环境中寻找反面典型，对问题学生进行警示教育，使他们认识自身不良行为与习惯的危害。

十、评析法

这是通过对性质、情节或结构上与问题学生的问题相近、相仿或相反的案例的分析或评价，对问题学生实施引导的一种方法。相关案例主要来源于：

1. 古今中外各种教育案例；
2. 杂志、电视、网络等各种媒体资料；
3. 教师总结自身工作经验从而形成的亲身经历的案例。

案例评析的过程是一个问题分析过程，更是一个意义解释过程。所以需要选择那些简洁具体、主题鲜明、素材丰富、针对性强、有感染力，而且有助于转化问题学生的价值观念，改善其心理环境及行为方式的案例。

第四节 问题学生教育中出现的误区

教育实践是专业的、复杂的，教师在这一领域容易走进误区。问题学生转化的误区主要体现在观念和方法两个方面。

一、问题学生教育中的观念或态度误区

（一）认为问题学生的主要问题是思想品质差，问题学生转化就是德育

1. 问题学生的主要问题是思想品质差

很多问题学生的日常行为表现确实差强人意，比如暴力倾向、偷拿东西、懒惰成习、顶撞老师等。很多教师往往就此将问题学

生在学习、行为、心理等方面出现的问题一概斥为思想品质问题。其实，这是一种错误认识，不仅不利于问题学生的教育和转化，而且有可能加剧问题学生的问题向负面演化。

（1）学生心理问题和学生思想品质问题是两类不同层次、不同内容、不同表现形式的问题，不能混为一谈。尽管学生心理问题和思想品质问题都属于学生精神世界的范畴，并且在结构上还存在着诸多相同或相近之处，但是两者并不相同，区别具体表现为：

①层次之别

从人的身心发展过程看，道德观念的产生和建构是建立在学生身心充分发展基础上的。在层次上，学生心理与思想品质有高低之别，前者是低层次的，后者则是高层次的。

②内容之别

学生心理反映的是自然、社会和思维；思想品质反映的是思想、政治道德方面的情况以及处理这些方面的准则。

③表现形式之别

学生心理的表现形式为感知、记忆、想象、思维、情绪、意志、兴趣、态度、气质、性格等；思想品质则表现为世界观、人生观、价值观等。由此可以认为，学生心理的形成先于思想品质，它是形成世界观、人生观和价值观的基础。将二者混为一谈，显然是没有道理的。

（2）就问题的形成原因和性质而言，问题学生的问题更多地属于学生心理方面，而非思想品质方面。这是因为：就问题学生所处的发展阶段而言，青少年时期正是心理问题、学习问题、行为问题产生的多发期。中小学生的人格正处于发展中，个性还很不稳定，自省能力和调控能力比较有限，对学习的内在价值还不能充分地认识，对日常交往乃至社会生活的各种价值规范及其意义还不能十分理性地加以辨别并内化。他们的这一特点使其在正常发展过程中常常伴随许多行为上的问题。许多研究表明，在特定发展阶段，一些中小学生身上经常会出现一些让父母或教师感到头疼的特定行为，他们也往往因此被看成"有问题"。另一方面，中小学生的心理远未成熟，认知片面、意志脆弱、情绪敏感、判断力不足、情感易冲动、自我心理防御机制尚未建立等心理特征，决定了他们很容易受外界环境中不良因素的影响，比如网络垃圾、打架斗殴、同伴攀比、家庭矛盾、封建迷信等，这些因素很可能促使其心理发展及行为表现偏离正常的轨道。

　　单就学生的道德发展而言，出现这样那样的问题是在所难免的。其深层原因仍然是学生心理发展不成熟，这并不等于该学生思想品质差。思想品质是学生心理发展，主要是道德发展的最高成果，在学生心理不断形成的基础上，其道德的形成主要是学生的道德理解、道德意志、道德行为三个方面的共同发展和相互作用的结果。这个过程无疑是漫长的、渐进的。仅就道德理解而言，著名儿童心理学家让·皮亚杰认为道德理解需要经历两个阶段，即他律性道德阶段和自律性道德阶段，前者需5至10年的时间，后者则需10年，甚至更长的时间。在前一个阶段，由于学生认知的不成熟，尤其是自我中心主义及现实主义，可能会导致肤浅的道德理解；在后一阶段，如"以眼还眼，以牙还牙"这样一种近乎粗鲁的冲突行为恰恰为学生自主性道德（合作性道德）的发展铺平了道路。让·皮亚杰的研究表明：青少年时期，学生的道德理解（思想品质）尚处于发展之中，还没有最终形成。在这一时期，学生出现这样那样的问题是不可避免的，这些问题从根本上看仍然是由学生心理发展不成熟引起的，是成长性、发展性的问题，有些问题行为甚至是学生道德由低级阶段走向高级阶段必须经历和体验的。面对这样的问题，如果动辄得出"这个学生思想品质差"的结论，显然是不合适的。

2. 认为问题学生转化就是德育

（1）两者的联系

问题学生转化是指运用教育学、心理学的理论和技术，通过解决学生身心发展过程中出现的各种发展性问题，转化学生的不良心态和不良行为，以维护和增进学生的心理健康，养成学生良好的行为方式和生活习惯的活动。德育是教师按照一定的社会要求，有计划有目的地对学生施加影响，以培养学生政治立场、思想观念、道德品质和心理品质的活动。

（2）两者的区别

①理论基础不同

问题学生转化以教育学、心理学理论为指导；而德育主要以马克思主义理论为指导，兼顾其他进步的道德思想。但这并不意味着问题学生转化不需要马克思主义，德育不需要教育学、心理学。

②目标不同

德育重视按照社会利益的要求去规范个人行为，而问题学生转化关注的是学生个体的心理健康的维持和增进，关注学生良好的行为方式和生活习惯的养成。

（二）认为问题学生的主要问题是心理有病

问题学生的行为特点及人际印象是以这样或那样的学习问题、行为问题及心理问题为标志的。如何看待问题学生的这些问题，这是开展问题学生转化工作的逻辑起点，也是这一教育过程中不可回避的重要问题。受传统的学生观以及学校习惯的影响，很多教师把问题学生的问题定性为"不健康"；学生身上一旦出现问题，尤其是那些令人头疼的、难以解决的问题，很多教师很容易盲目地、随意地给这些学生贴上标签：这个学生心理有病。这些学生随之也就成为同伴心目中"不正常""不健康"的"另类"。

其实，一个人，尤其是青少年，在身心发展过程中出现问题是非常自然的。这是因为：

1. 人的每个发展阶段都要面临一些基本的心理社会冲突

年龄和学生心理、学习表现、交往行为之间具有紧密的联系；在不同的发展阶段，学生具有不同的心理需求，面对不同的学习任务和发展任务，一定会在不同的发展环境中表现出不同的身心发展状态与个性心理特征。考察个体的身心发展的全过程不难发现，人与环境的矛盾几乎时刻充斥在各个发展阶段，所以这必然导致学生的内在心理冲突。冲突和矛盾既然不可避免，学生发展过程中出现这样那样的问题也就在所难免。

2. 人的每个发展阶段都有一个由不成熟到成熟的过程

这是终生发展心理学的一个重要理念。它提醒我们，在每一个发展阶段，人都可以达到相应于本阶段的成熟。所以，人生的每一个阶段都有独立的价值和意义，中小学生也不例外。但与此同时，在每一个发展阶段，人都是从"不成熟"这个起点出发的，从不成熟走向成熟。在这个过程中，人必然要付出代价，必然要经历并解决各种各样的问题，尤其是有关自我的诸多问题。

3. 青少年时期个体的个性局限性难免引发成长过程中各种各样的问题

如前所述，青少年时期是学生身心发展的关键时期，其个性很不稳定，自我认识、自我评价、自我调控的能力一般说来还很有限。这种状态可能会引发一些学习问题、行为问题或心理问题，但这也是自然的、正常的。

（三）对学生期望过高或过低

人是社会关系的总和。在特定的社会关系中，一个人的发展时刻受到外部期望或评价的影响。基于师生关系的二元范畴来看，教师期望无疑是学生身心发展的重要外部动力之一。

教师期望是教师在学生的知觉感受基础上产生的对学生行为结果的某种预测性认知。

研究表明，教师期望对学生的发展具有重要影响，主要表现在如下几个方面：

1. 学生自我概念的转变

学生自我概念的建立有赖于师生之间的互动，主要有两个途径：一是描述自我形象；二是评价自我价值。教师期望有助于学生正确地认识自身形象，合理地评价自身价值，形成科学的自我概念。

2. 学生自我的转变

教师期望推动学生不断改变他们的自我期望，从而使他们逐渐沿着教师期望的方向发展。

3. 学生人格和良好品质的转变

教师期望有助于学生勤奋、坚强、勇敢地进取，有助于学生自立、自信、自主地生活，有助于学生和谐、利他地参与群体生活，更有助于学生坚持不懈、创造性地实现自我价值。

教师期望并非在任何水平上都能产生积极作用，期望过高或者过低只能有害无利；教师期望只有保持适度，才能成为学生身心健康发展的真正动力。适度是指教师期望要适合学生的"最近发展区"。所谓"最近发展区"是指学生的现有发展水平与通过努力可以达到的发展水平之间的范围。

（四）急于求成

问题学生的问题如不加以解决，不仅会影响学生的健康发展，也会影响班级内部正常的教育教学秩序，影响学生群体的良性发展。很多教师在转化问题学生时，都想急于求成，但是转化问题学生远非朝夕之功。这是因为：

1. 探寻问题学生背后的原因需要投入较高的时间成本

问题学生的问题形成有着复杂的原因，其中有源自家庭、社会、学校以及学生自身等诸多方面的复杂因素，这些复杂因素的相互作用又形成了错综复杂的多重关系，比如师生关系、伙伴关系、亲子关系、家校关系、早期经历与生活现实的关系、学生需求与教育现状的关系、学生心理社会冲突双因素间的关系等。弄清楚这些关系、探寻问题的原因是问题解决的根本，这无疑需要经历一段较长的时间，不可能一蹴而就。

2. 转化问题学生的心态和行为需要投入较高的时间成本

问题学生之所以出现各种各样的问题，是因为问题学生的心态在正常发展过程中发生了偏离，比如缺少学习动机、自尊感较低或较高、习得性无力感、情绪障碍以及不良生活习惯等。矫正这些心态及行为上的偏离，往往需要较长的时间。

3. 建立良好的师生关系与和谐的教育环境需要投入较高的时间成本

教育环境是指与教育有关，对教育的发生、存在和发展产生制约和调控作用的，并通过教育影响人的多种因素的总和。在学校教育语境中，教育环境具体是指学校教育活动的时空条件、教育设施、校风班风以及师生关系等。教育环境又可分为教育物理环境和教育心理环境。相对于问题学生转化而言，起作用的主要是教育心理环境，主要包括教育氛围、校风班风、人际关系等。而创设良好教育心理环境的核心工作是协调、建构良好的师生关系。所以，建立良好的师生关系和和谐、开放的教育环境，对转化问题学生具有重要意义。在转化问题学生过程中，任何探究、引导和帮助行为的实行，终归要借助于良好的师生关系，要依靠良好健康的教育环境。要做到这一点，显然需要教师投入更多的时间和精力，付出更多耐心。

二、方法中的误区

（一）推崇"抓两头，带中间"

所谓"抓两头，带中间"，就是既抓好学生，又抓问题学生，以好学生为正面榜样，以问题学生为反面典型，通过奖优罚劣，带动中间层面的大多数学生。这种方法往往出于这样的误解：问题学生就是问题学生。但事实上，发展性的问题不一定是问题学生的"专利"，而是在各个层面的学生之中广泛地存在。具体而言，所谓问题学生，一般说来，确实存在诸多心理品质和行为方式上的缺陷。他们自身的失败体验固然很多，而且获得的外界评价也很低，但是我们也要看到，很多问题学生在内心深处并不缺乏自尊心和上进心。或许在某种时刻，问题学生身上所表现出来的集体责任感、荣誉感和爱心更让人感动，更让人印象深刻；而所谓的好学生，除了学习成绩优秀和日常表现良好以外，不等于心理没有任何问题。我们经常看到，有的学习成绩优异的学生，其心理品质和日常交往行为存在着严重问题；至于中间生，由于他们长期被教师忽略，他们的自身问题或许正在潜滋暗长，只要哪一天条件和时机成熟，就会暴露出来。因此，这种"抓两头，带中间"的方法，不利于全面、深入、细致地转化问题学生。

（二）以罚代教

在转化问题学生的过程中，以罚代教的现象时有发生。然而"罚"并不是"教"，更不能代替"教"。即使是"罚"，也只有在遵循学生身心发展规律，充分尊重学生人格的前提下，号准"脉"，下对"药"，选对"路"，才能起到预期的教育效果。那种不看情况、不分对象、不循规律的体罚乃至心罚，只能把问题学生推向不可逆转的恶性发展的边缘。

（三）翻旧账

在问题学生转化过程中，我们常常看到有教师这样对待问题学生：把学生找来，先训斥一番，然后历数该生何时何地犯过某种错误，直说得学生低头，沉默不语。这种翻旧账的做法，一方面置问题学生的深层心理背景及外部环境因素于不顾，只是就事论事，另一方面，严重损害了学生的自信，也极易扩大事态，激化学生内心深处的心理冲突，使问题学生转化的希望变得渺茫。

（四）爱而不教

在转化问题学生过程中，很多教师意识到问题学生比其他学生更需要爱。然而爱不等于教，过多的爱、不恰当的爱更妨碍了教，有害于教。

（五）随意给予赞扬

问题学生时刻需要教师的激励。教师对问题学生争取进步的向上心态和行为表现适时给予赞扬，对问题学生的转化具有重要的激励作用。然而，赞美必须真诚、有度、有的放矢。那种随处施舍的虚假赞扬，对孩子的健康发展其实没有任何帮助。有学者认为，自尊心的增强是成就的结果，而不是原因。孩子的自尊并不能通过无端的虚假赞美形成，而只能通过承担社会责任和义务间接获得。虚假的赞扬总有一天会被孩子们看穿，然后他们将不再信任教师。或者虚假的赞扬会从另一侧面增长孩子过度膨胀的自满之心。

第三章

转化问题学生专项讨论

第三章 转化问题学生专项讨论

第一节 借鉴辨证施治理论转化问题学生

辨证施治是中医认识疾病和治疗疾病的基本原则，也是中医学的基本特点之一。它要求在诊断过程中明辨八纲，探本求源，抓住要害，然后对症下药。与此相同，在教育工作中，对待问题学生，也是一个需要查明原因、抓住要害、对症下药的"辨证施治"过程。本章就中医辨证施治理论在问题学生转化中的运用做粗浅的探讨。

一、问题学生的"诊断"

中医学中的"辨证"，就是将"四诊"（望、闻、问、切）所收集的资料、症状和体征，通过分析、综合，辨清疾病的原因、性质、部位以及邪正之间的关系，概括、判断为某种性质的"证"，即疾病的病因、病机、病变部位、临床症状的概括，为进一步诊断和选择治疗方法奠定基础。在教育工作中，做好问题学生转化工作的前提条件就是要了解问题学生的"问题"之所在。为此，不妨借鉴一下中医诊察疾病的"四诊"法。

（一）"望诊"法

"望诊"在中医学中是指医生用视觉观察病人外部的神、色、形态的异常变化，以此推断疾病情况。教师运用这种方法可以从以下两方面分析问题学生的情况：

1. 静态观察

指在教育过程中的自然状态下，直接观察问题学生心理活动的客观表现。例如，教师在学生觉察不到的情况下观察他们的纪律情况、上课学习情况等。由于观察是在自然状态下进行的，他们的伪装较少，教师获得的信息真实，容易捕捉到问题学生不良表现的蛛丝马迹。

2．动态观察

指在问题学生觉察到教师在场的情况下，在讲课的过程中，观察他们的课堂纪律情况、学习情况等。由于观察是在学生感知的情况下进行的，问题学生大多有不同程度的掩饰，所获得的材料可能有不真实性，或与实际有差距，这也正是进行这种观察的目的。将动态观察所得材料与静态观察所得材料相比较，在比较过程中了解并掌握问题学生的心理变化情况。

（二）"闻诊"法

借鉴"闻诊"之法，教师可以通过以下渠道来搜集问题学生的有关情况：

1．同学

班级中学生人际关系错综复杂，他们都处于不同的层面，扮演不同的角色。有的问题学生可能独往独来，也可能是某些非正式群体的成员。由于问题学生担任的"角色"的不同及与同学们交往疏密的相异，每个同学对他们的评价也会不同。因此，教师切勿偏听偏信，必须善于倾听各方面的意见，才能弄清问题学生的本来面目，以取得正确的"诊疗"方法。

2．教师

师生关系是学校中最基本、最主要的关系。任课教师对问题学生的了解和认识比较细致、客观，不可忽视。

3．家长

古人云，知子莫若父。家长对其子女的了解最深。所以，教师应多向学生家长了解学生的性格、气质、志趣、爱好等方面的心理特点和在家庭中的表现，了解家长教育孩子的方法，了解孩子与他人交往的情况等。

(三)"问诊"法

与闻诊不同的是,问诊是医者主动,而闻诊是医者被动。因此,教师不能仅被动地"听",而且要主动地去询问。问的主要对象是学生本人,可用谈话的方式启发诱导,接触学生真实的思想,问出他们内心深处的想法或意见。同时,要将"问诊"和"闻诊"结合起来使用。

(四)"切诊"法

前三诊是看教师的眼功、耳功、口功。切诊可理解为教师的"手功"。教师可以通过创设情境,或是采用问卷调查法、社会态度测量法等手段,检验问题学生是否存在前面三诊(望、闻、问)所了解到的情况,并看他们是否有新的不良表现。

二、问题学生的"治疗"

在"辨证"的基础上,要对问题学生"施治",也就是根据辨证的结果,确定相应的治疗措施。参考中医学的治疗原则,对问题学生可以从以下几方面进行治疗:

(一)治病求本

治病求本,就是在诊治疾病时,首先掌握疾病的发病原因及其本质,再进行治疗。这是中医学治疗疾病的最基本的原则。同理,问题学生的转化工作也必须本着"治病求本"的原则。否则,"头疼医头,脚痛医脚",急功近利,治表舍本,只能是事倍功半,甚至产生负效应。

由于现实中有很多的原因造成了问题学生的出现,而且多数学生所处的年龄阶段也会使其思想比较复杂,所以对问题学生的转化不是解决一两个矛盾就可以大功告成的。有些问题学生,其症状在上而病在下,如果上症上治,下症下治,径直取之,必非治本之法。《灵枢·终始》说"病在上者下取之,病在下者高取之",

意在求本。因此,一定要"循经取穴",循着问题学生的思想脉络走向,由表及里深入探寻,才会找出症结所在。

(二)扶正祛邪

任何疾病的过程,都是正邪相争的过程。邪正盛衰决定病变的虚实。《黄帝内经·素问·通评虚实论》说:"邪气盛则实,精气夺则虚。"所以,临证治疗就是讲究虚证宜补,实症宜泻之法。补虚就是扶助正气——扶正;泻实就是消除邪气——祛邪。

对问题学生的转化过程,其实也是一个正邪相争过程,对他们的治疗也宜"补虚泻实",养精蓄锐。教师要培养和激发学生的自尊心、自信心,消除其自卑感;要培养和激发学生的是非感和集体荣誉感,消除其对立情绪和疑惧心理;要培养和激发学生的进取心,消除其惰性。在这一扶一祛的过程中,问题学生的正邪会发生变化,"正气"逐渐上升,"邪气"慢慢下降,然后逐渐转化为中等生,甚至是优等生。

(三)逆者正治,从者反治

《黄帝内经·素问·至真要大论》说:"寒者热之,热者寒之……逆者正治,从者反治。"这里的"逆者正治,从者反治",即逆疾病征象而治,称"正治",顺疾病征象而治,称"反治"。正治法主要应用于疾病的本质和它的外在表现一致的情况,而反治法则主要应用于疾病的本质与它的外在表现相反的情况。

当问题学生的不良行为表现与思想一致时,可首先治其标,进而治其本,即采取正治法。当问题学生的不良表现与思想不一致,即不良行为不是主观愿望所致,可能是无意或力不能及时,教师切勿认为他们是故意的,甚至从他们的不良行为表现武断认为他们思想不良,继而小题大做,使问题恶化,挫伤问题学生的自尊心。

（四）因时、因地、因人制宜

中医学认为，人与自然是统一的整体，疾病的发生发展必然会受到周围环境因素的影响。在对疾病进行治疗时，应做到既有原则性，又有灵活性。

问题学生的转化是一项艰巨、复杂、长期的工作。在外界教育和自身心理变化的影响下，问题学生会出现不稳定的现象，有时呈上升好转趋势，有时则有下降恶化倾向。这就要求教师的"疗法"要因时制宜。由于问题学生生活在学校、家庭、社会环境中，加上他们的"免疫力"较差，环境带来的不良因素会乘虚而入。教师应熟悉问题学生生活的外部环境，因时因境制宜，取得家长、社会的配合，形成立体式教育网络，消除"传染源"，堵塞"传播途径"，创设良好的环境，以促使问题学生加速转化。同样，由于问题学生的个性千差万别，难以找到一种对任何问题学生都适用的灵丹妙药，这就需要教师因人制宜，对症下药。

第二节 班级环境下问题学生的转化

各类学校中都存在着一定数量的问题学生，他们不仅自己各方面相对于别的学生来说较落后，而且会干扰班级的正常教育秩序，影响其他同学的听课与学习。转化他们，是广大中小学教师面临的最为棘手的问题之一。

由问题学生发展成"留级生"或"流失生"的现象在教育过程中屡见不鲜，并有日益增加的趋势，这与普及九年制义务教育、提高全民族素质、造就社会主义建设的接班人的任务发生了冲突。所以，研究这一问题具有较大的现实意义。

一、从班级环境探析问题学生的成因

我们经常可以听到这样一种说法：学校进步慢，班级搞不好，主要是因为问题学生太多。这种说法是片面的。从现象上看，问题学生固然有影响学校和班级的一面，但仔细想来，问题学生的出现和增多，却往往是因为学校进步慢、班级搞不好所产生的结果。虽然问题学生的出现还与社会影响、家庭教育有关，但教育工作的失误、班级和学校管理上的问题，也是一个重要的原因。有些班级和学校由于重视转变班风和校貌，不断改进教育过程，问题学生逐渐减少，甚至一跃成为先进班级和先进学校。所以严格说来，这种把一切责任归于问题学生的说法是不公正的。

从学校教育分析，问题学生产生的主要原因就是学生个性发展与学生所生活的班级这一小社会环境之间发生了严重的矛盾。学生在班内并未处在有利的地位，不甚理想的班级或学校环境压抑了学生个性的正常发展。于是，他们便投入校外的不良环境，导致个性的畸形发展。对此，我们不妨从下列几方面做具体说明：

（一）学习遭遇挫折，基本上是成为问题学生的第一步

每个学生都有争取进步的内在要求和努力学习的良好愿望。一个学生在学习上第一次遭到失败时，内心已很忧郁苦闷，此时如果无人问津，教师只是劈头批评，他就会产生一丝逆反心理。如果接踵而来的是第二次学习失败，他也尽了努力，十分需要同情和帮助，但是如果仍没有人理解他、同情他，没有人伸出援手，遭到的还是批评，甚至是讥讽，他就会怀疑自己的学习能力，原先心目中积极的自我形象就会逐步消失，对班级的依恋程度就会大大降低。经历几次挫折后，他的心灵就受到了严重创伤，原来在学习上仅有的一点兴趣很快被扼杀，直至积极

的自我心态彻底崩溃。于是他就由一门功课学习有困难逐步变成多门学科有困难。这样，一个学习上的问题学生就不知不觉地出现在教师的面前。

（二）严重心理压力

学生个体地位变得低下的直接后果就是在集体环境中抬不起头。如果班级内的舆论不好，如果对问题学生的舆论倾向是一边倒的歧视，那班级中一有什么事情，大家的目光就会不约而同地投向问题学生。这种舆论的定式会给问题学生造成严重的心理压力。如果班内的舆论主要是通过谴责的方式影响人们的行为，则这样的舆论谴责不仅会降低问题学生的自尊心，而且磨钝了学生情感的敏锐性。

（三）爱好特长受到抑制

每个学生都有自己的兴趣、爱好和特长，问题学生也不例外。如果班级不把他们的特长看作集体的财富，更没有主动地为他们的发展创造一定的条件，那么问题学生便倍感痛苦。我们往往可以看到，在很多情况下，不管问题学生有什么特长，有多大本领，他们都得不到集体的赞许。在明明能够施展才能的时候，他们最多也只能充当旁观者的角色。对问题学生不信任的公众态度，仿佛告诉他们："你的长处毫无用处，也用不着发展。"这样，问题学生就会站到集体的对立面去考虑问题，从消极的或完全对立的角度去发展自己的特长，并以反常的手段寻求代偿，以取得失去的社会地位。

（四）心理负荷超重

由于学习的失败、特长的压抑、地位的低下，问题学生内心是十分痛苦的，这些都超过了问题学生的心理承受能力。于是，问题学生在行动上忽而沉默寡言，百问不答；忽而暴跳如雷，怒气冲冲；忽而远离集体，佯装开心。这样，个体反常的性格形成了。到后来，在特定的诱因面前，他们甚至会失去理智，什么话都说，什么事都干，"反正我总归好不了""破罐子破摔得了"。超量的心理负荷使问题学生的认识颠倒、情感异常，消极心境和不良激情占主导地位，他们的态度也会变得十分消极，或产生反社会的心理倾向。

（五）失去已有或应有的地位

学习的失败带来的是责难和批评，学习困难者变成了学习落后者。如果这时候班级的人际关系不是互助式的关系，那么问题学生不仅得不到帮助，甚至会失去已有的社会地位，或被原来的伙伴疏远。他们与表扬无缘，在班内毫无发言权，参与重大活动无份，一旦与别人发生矛盾，就是有理，也因地位低下而不能取得老师、同学的支持。由于自尊心屡遭挫伤，消极情绪不断积累，久而久之，他们的意识就会出现偏离集体甚至是反集体的倾向，在行为上也会出现失控现象。

二、集合班集体的力量转化问题学生

矫正问题学生的不良性格必须从优化班集体教育环境入手，因为问题学生的形成与班级不良环境是密切相关的。也就是说，教师应从整体着眼，具体入手，培养良好班集体，建设学生精神生活的乐园，这是问题学生性格得到矫正并不断进步的前提。要创设一个良好的集体环境来教育问题学生，不是轻而易举的事，一定要通过教育者的辛勤努力、科学工作，才能逐步实现。

（一）个性的研究

为了转化问题学生，教师要研究他们的个性，这是创设优良教育环境的起点。

那么，如何研究问题学生的个性？

首先，应当在集体的背景下加以研究。正因为在群体的背景下，班集体的每个成员展示出各不相同的个性并产生交互作用，集体才充满生机和活力，每个成员才能在集体中更有效地发展个性。

其次，应当研究影响学生个性发展的人际关系。人际关系是个性发展的影响源，是教育的真正对象之一。教师应当研究问题学生的交往范围、在班集体的自我感觉、在群体中的地位、所处群体及其价值目标等。当然，还应当具体地研究他们学习落后的各种原因。

（二）集体力量的凝聚

既然问题学生的个性结构中有潜在要求进步的成分，那么，教师和班集体应该确立坚定的教育信念：教育具有定向、塑造、感化的强大功能；每个问题学生都有重新进步的现实可能性。如果教师对问题学生信心不足，教育就会显得苍白无力，可以说，教育刚开始就已经结束。

有坚定的教育信念，才能产生热切的教育期望。教师和班集体对每个成员都寄予一定的期望，这是十分重要的，对于问题学生则更应如此。教师切莫嫌弃问题学生，要对所有学生一视同仁，真诚相待，热情爱护。教师也应当采用各种手段，通过各种途径使他们相信，集体对他们的进步有信心，会一直支持他们。教师必须使他们切实感受到，集体是他们各种正当需要得到满足的场所，是进步的力量源泉。

（三）重视班风建设

教师应当重视教育环境的陶冶作用。陶冶本身是一种以良好的风气为中介的潜移默化的教育，它会给人的思想、性格以有益的影响。教师应当在集体的内部造成一种和谐的心理气氛，努力使问题学生不感到孤独和拘谨。只有在开诚布公、互帮互爱的风气之中，问题学生才会真正感到人际交往产生的温暖，并逐步接受集体的价值规范。相反，如果气氛不良，就会造成问题学生的紧张心理，他们在精神上会经常处于"戒备"状态，这种气氛只能驱使问题学生更加背离集体的价值目标。

（四）开展伙伴帮助

班主任应当在班集体内创造一种伙伴之间亲密无间、相互帮助、取长补短、相互协作的氛围。这种氛围会造成一种局面，每当看到一个同学有困难的时候，集体就会伸出热情的手给予帮助。如果同学们组成帮学小组，问题学生由于得到及时而真诚的帮助，就会有效地解开自身的"思想疙瘩"，及时克服学习上的某些困难。

（五）设置成功情境

问题学生已经积累了很多挫折经验，特别是在学习方面，他们甚至可能在某一时期连一次成功的机会也未有过。此时，利用教育手段设置成功情境就十分重要。

事先点拨、提供机会、促使成功、公开展示、集体评价、强化体验、激励前进，是设置成功情境不可缺少的环节。这样可使问题学生在集体中显示特长并看到自己的潜力，恢复积极的自我形象，从尝到一次成功后的欢乐开始，点燃求知欲和上进心的火苗。

在日常教育中，对问题学生的进步，哪怕是微不足道的进步，尤其是学习方面的进步，都要做出及时的肯定和赞赏。这是十分重要的。

（六）强化体验

问题学生的进步可能有多种开端，各种成功情境设置应立足于其个性中积极的部分。当问题学生取得初步成功后，他的内心是欢乐的。但是这种体验由于在整个情感结构中不占主要地位，因而很可能是短暂的、稍纵即逝的。所以，教师必须及时加以强化问题学生的成功体验。

强化的作用在于扩散并巩固成功后的欢乐，使这种体验变得更为深刻。通过它可使问题学生看到自身的潜力，逐步领会进步的真谛，从而产生再一次成功的愿望。只有在这时，继续创设成功情境和运用其他教育手段才会更有成效，因为此时成功的体验已开始内化为问题学生个性中必不可少的成分了。

总而言之，教育和转化问题学生的工作已严肃地摆在每一名教育工作者的面前，这是我们责无旁贷的任务。创设良好的教育环境，建设优良班集体，是转化问题学生的必要条件。

第三节　转化问题学生的基本要求与方法

在工作中，许多值得借鉴的转化问题学生的经验被广大教师总结出来，有些经验已经分析和阐述，证明不少认识和做法具有普遍性意义。我们这里提出的转化问题学生的基本要求是从众多的经验中归纳和提炼出来的，适用性非常广泛。而我们这里列出的主要方法，也是广大班主任的智慧结晶。当然，具体方法有灵活运用的余地，可以再创造，再丰富。

一、问题学生转化的基本要求

（一）尊重问题学生人格

就像人类需要爱一样，问题学生需要他人对其人格的尊重。他们在学习环境中已经受到了漠视，他们的自尊在别人的冷眼中丧失。他们不相信自己。作为一名教师，要看得起他们，要让周围的同学都尊重他们，重新唤起他们的自尊心和自爱心，帮助他们树起精神支柱。为此，我们必须谨言慎行，绝不伤害问题学生的自尊心，绝不当众"揭短"。教师需要了解问题学生过去的经历，但绝不是算旧账，而是为了分析他们变成问题学生的原因和过程，从而有效地帮助他们转变。对问题学生的了解，应尽量在自然交谈中、家访中和活动中进行，避免"内查外调"式的举动。

我们必须尊重问题学生的人格，倾听他们的心声。他们一样有参与集体工作、评价同学和评价老师的权利，所有的集体活动，包括学科小组、文体小组、兴趣小组等，他们都有参加的权利，并应得到同等的待遇。

（二）建立深厚的感情基础

亲其师，信其道，这是自古以来的名言。班主任、其他教师与问题学生之间，只有建立起深厚的感情，问题学生的转化才可能实现。问题学生的一个普遍性问题，就是得到的温暖太少，周围的教师和同学对他们表现出不同程度的嫌弃态度。针对这种现象，许多班主任提出了对问题学生要"偏爱"的观点。

对问题学生的爱，像对任何学生的爱一样，要发自内心深处，不能有半点虚假。这就要求教师在建立转化问题学生信心的同时，克服自身的一些心理障碍，如"厌弃心理"，教师把问题学生看成包袱，认为他们会拉低平均分，给班级添麻烦；再如"定型心理"，认为问题学生"朽木不可雕"；还有"惩罚心理"，以为自己权力在握，想用惩罚来管住问题学生；甚至是"偏激心理"，把问题学生看得一无是处，以偏概全。与此相反，教师应该对问题学生给予期望，相信问题学生有一个美好的未来。

（三）调动问题学生自我教育的积极性

外因要通过内因起作用，这是事物变化的规律。问题学生要进行自我教育，才会产生积极的效果。所以，班主任要了解问题学生自身所具有的积极因素和消极因素，千方百计调动、刺激他们的积极因素发挥作用，克服消极因素。

根据不同的问题学生的特点，调动他们积极性的方法也不一样。比较普遍的做法是：满足他们表现的心理，给他们以适当的表现机会；满足他们的自尊需求，及时给予肯定的评价；满足他们的成就动机，使之体会成功的喜悦；满足他们的感情需要，跟他们坦诚相待，交知心朋友；满足他们的求助心理，给以及时的关怀和帮助。

（四）组织教育的合力

教育问题学生时，应该调动一切可调动的力量，组织教育合力。学校领导、班主任、任课教师、家长、同学等，都应直接参与转化问题学生的工作，要形成一种良好的教育环境。其中最重要的力量来自家长。问题学生的家长往往"恨铁不成钢"，心里焦急，但教育方法欠妥，不利于对孩子的转化。有人对16名问题学生进行了个案研究，发现有12名问题学生的家长教育方法不当，占75%。班主任对问题学生的家庭教育指导要花更多的精力。班主任与问题学生家长联系，必须注意方式方法，要"多报喜，巧报忧"。

二、转化问题学生的几种方法

（一）分级管理

转化问题学生并不是班主任一个人的事情，学校必须要有一个良好的整体环境，包括学校的校风、校纪、校容、校貌、教风、学风等各方面，特别是学校最为重要的有计划的德育工作。学校统一的纪律要求，对问题学生是一种纪律方面的规范。而且学校要围绕转化问题学生的工作，开展一些有针对性的活动，比如开展精神文明教育和法制教育、树立问题学生转化的典型、开展能调动问题学生积极性的文体活动等。另外，学校与街道要密切配合。

问题学生分级管理，是不少学校总结的先进经验。它的做法是，把全校的问题学生依其表现情况分成不同的类型或层次，由班主任、年级组、教导处（政教处）、学校领导分别"承包"，有的还分给任课教师。各级"承包"者要认真负责，经常有计划地、全面地做问题学生的转化工作。由班主任、年级组或学校定期召开交流会、"会诊"会，共同商讨教育策略。这种分级管理的方法，确实产生了良好的效果。

（二）重视新的开始

学校和班级的新开端是很多的：新学期开始，新学年开始，一次大的教育活动之后，换新的班主任，班级成员调整等。任何学生在新的开端总有一些新的想法和打算，这些想法和打算带有积极上进的色彩，问题学生也不例外。有人把这时学生的心理状态叫作"亢奋"心理，即争取进步、跃跃欲试的心态。班主任要善于观察和了解问题学生此时的心理，给予鼓励和促进。比如帮助他们制定计划，给他们安排适当的工作，与他们促膝谈心，向任课教师介绍他们的表现，都是可行的方法。

（三）抓住问题学生的闪光点

任何问题学生都是有闪光点的，关键在于是否被发现，是否被抓住。所谓闪光点，不能要求过高，取得了一点进步，做了一件好事，一次克制不良习惯的表现，完成了一次较好的作业都是"星星之火"，教师都要及时给予肯定，加以引导。只有这样，问题学生的闪光点才会逐步扩大，引起质的变化。这样的例子有很多。

【案例】

某校初三年级一名学生，作文总是不及格。在一篇不满500字的作文里，老师看到了有几个使用得稍好的词语，便在全班给予表扬，还给他打了70分。这名学生受到鼓励，学习热情高涨。以后，老师对这名问题学生从表扬词语到表扬句子、段落，最后肯定他的整篇作文，并将他的作文贴在教室里，让同学评论。这名同学感到自己进步了，学习更加努力，后来在校、区的作文竞赛中获了奖。他的作文进步，带动了其他学科的学习，也带动了全班同学努力向学。

某校初二年级一名留级学生，经常看杂七杂八的书，无心学习，非常散漫，但他做操挺认真的。班主任就把他培养为"广播操标兵"，后来他当选为体育委员，成了公认的好干部。全区广播操验收时，体育老师让他上台给全校学生带操。他严格要求自己，不但入了团，初三毕业后还考上了理想的学校，成了大家的榜样。

（四）针对问题学生的心理开展工作

问题学生有普遍性的心理特点，每一名问题学生又有各自的心理特点，班主任要针对问题学生不同的心理特点开展工作。从积极方面看，问题学生多有期待心理，期待别人（特别是教师）看到他们的优点，期待别人相信他们能够进步，变为好学生；同时，他们多有自我表现心理，他们愿意得到机会，显示一下自己的身手，尤其想做一些让别人肯定的好事情；他们多有争取进步的愿望，不甘长居下游，希望通过努力，成为好学生。从消极方面看，他们可能有自卑心理，觉得自己不如别人，想进步，别人也不会相信；还可能有惧怕心理，怕考试，怕挨老师批评，怕家长打骂，怕受处分；还可能有逆反心理，一被老师批评、教育就厌烦，不爱听，觉得"反正总说我不好，我也不听你们的"；还可能有报复心理，谁管教他多，批评他多，会产生反感，想寻找机会报复一下，以发泄怨恨。教师对问题学生的心理状态要仔细观察分析，选择合适的方法做转化工作。

【案例】

　　某校初一年级有一名新生，非常散漫。开学第一天大扫除，他就大闹一场。班主任找他谈话，他说："我在小学里就是有名的坏坯。"他还历数自己做过的坏事。这是自卑心理和逆反心理在作祟。班主任老师用亲切的口吻对他说："光说坏事，怎么不说说你做过的好事？"他一下子愣住了，他认为老师是看不到他做过的好事的。班主任鼓励他："从现在开始，争取做个好学生。"此后，班主任坚持鼓励为主，他真的一步步在前进。

（五）逐步开发问题学生的智力

　　问题学生学习不好，与他们的智力基础和智力活动状况有关。为了提高他们的学习质量，班主任要在关注他们非智力因素的同时，有步骤地开发他们的智力。

　　优秀班主任魏书生老师在实践中摸索出一套有效的经验：第一，他先以自己的热情和信心去点燃学生的热情和信心；第二，他结合教学实践，培养学生的基本智力因素——观察力、思维力、记忆力、想像力，并且教给学生具体的方法；第三，他引导问题学生进行定向的智力活动，把各种知识用"树"的形式表示出来，使学生盲目的智力活动变为定向的智力活动；第四，他引导学生进行智力的规则活动，不仅要求学生把训练的内容与时间紧密联系起来，要求达到一定的效率标准，而且教问题学生如何把诸科训练内容统一于一个时间常数之中，制订出每天、每周、每月、每年的德、智、体、美、劳的综合练习计划，要求时间具体、内容具体、数字具体、方法具体；第五，他引导学生进行智力的惯性活动，着力克服问题学生推一推才动一动的弱点，使他们的智力活动养成良好的习惯，每项计划制订了就坚决执行，各项活动都形成制度，培养习惯，这种做法改变了问题学生做事拖拉、时紧时松、时好时坏的毛病。经过长时间努力，魏老师的这套做法收到明显效果，问题学生逐步摆脱了学习困难状态，班上的 8 名问题学生都以较好成绩考上了高中或职业高中。

（六）针对个性选择突破口

每个问题学生都有自己的个性特点。班主任把握他们的个性特点，有利于选择促使其转化的突破口。这种突破口可以从个性优点开始，也可以从个性弱点开始，因人而异。

【案例】

某小学有一名学生，外号叫"小霸王"。他恃强好斗，学习落后，虽然非常羡慕"路见不平，拔刀相助"的"英雄"，但是他的所作所为与之相反，专挑软柿子"捏"，很多同学都挨过他的打，他还自诩"勇敢"。一次，突然有几个学生跑来报告："不好了，校门口有几个流氓在打'小霸王'！"班主任和校长闻讯跑了出去。校长是名女同志，不顾年老体弱冲了上去。小流氓们不听劝告，继续拳打脚踢。校长一怒之下，给了小流氓一记响亮的耳光。小流氓先是怔住了，随后一溜烟儿跑掉了。班主任抓住时机，利用活教材，组织了"什么叫勇敢"的专题讨论。学生的稿件像雪片一样飞来，大家一致认识到："小霸王"称王称霸，打架斗殴，不是真正的勇敢；校长为了保护学生，不顾个人安危，挺身而出，勇斗流氓，才是真正的勇敢行为。"小霸王"被校长的行为感动了，从此以后，他开始转变了。

（七）逐步提高要求

教师对问题学生不能"头痛医头，脚痛医脚"，只顾眼前，应该从他们的前途、他们的一生来考虑问题，要有比较长远的规划。而教师目前的期望又不能太高，要让他们尽自己的努力达到要求，然后再提出新的要求。

第四节　多元智能理论转化问题学生

一、多元智能理论的"问题学生"

美国哈佛大学教授霍华德·加德纳曾提出多元智能理论。他提出这一理论的目的有两点：一是用"多元"强调每个人都不同程度地拥有七种潜能，即语言智能、数理逻辑智能、空间智能、音乐智能、自我认识智能、身体运动智能和人际关系智能；二是用"智能"一词和以往智商测试中所测的能力进行比较，认为以往的智力测验只是考查个人的语言智能和数理逻辑智能，实质上人类的七种潜能同等重要，从而批判了以往的偏狭智力观。

（一）智力方面

传统教育以单一的智商分数来衡量学生，即按智商高低将学生排队，据此给他们贴上聪明或愚笨的标签，并以一个具体的分数为分界点来判断学生的智力水平正常与否。但是在多元智能理论视野中，每个学生都不同程度地拥有潜在的七种智能，只是每个人的智能组合形式各异，优势智能领域不同而已。而以往的智力测验分数反映的只是一个人在数理逻辑智能以及语言智能两方面的表现情况，其他方面的智能水平是得不到体现的。因此，在智力测验中受益的只是一小部分学生，这是很片面的。

（二）教育内容和测验方面

重视语文、数学、外语等几门主科的教学，以这几门主科的成绩评价学生学业水平的优劣，并且根据测验分数为学生划分出名次，以示优等生与问题学生的区别，这是传统教育中的常见做法。但是，如果从多元智能的视角出发，我们就会认识到智能的多元化势必要求课程的多元化，而学校教育仅仅注重几门主科的教学，仅仅凭借语文、数学、外语成绩的高低将学生进行区分，显然只有利于那些在语言智能与数理逻辑智能上占优势的学生，对于那些在其他智能领域表现优异而恰恰在语言智能和数理逻辑智能上处于劣势的学生而言，这种衡量标准是不公平的。因为他们很有可能在音乐智能、空间智能、人际关系智能等方面有着独特的才能，可是他们却因主科考试成绩不理想而被归到问题学生的行列，他们的这些独特的才能也被埋没了。

二、问题学生的转化的科学观点

（一）具备科学的智能观

长期以来，教师信奉"权威"的智力分数，以智力分数的高低判断一个人聪明与否。并且，由于信奉这样的智力观，教师在对学生进行教育及评估时，几乎都只简单地指向了语言智能和数理逻辑智能这两个领域。如果学生在这两方面恰好能力较弱，那么他们在其他方面的才能也就难以得到发现和被认可。相应地，这样的学生就会被戴上问题学生的帽子。只有重新审视我们以往所持的偏狭智力观，具备智能多元化的观念，认识到多元智能理论视野中的学生不存在聪明与否的问题，只存在如何聪明的问题，教师才会从内心中对问题学生产生欣赏与尊重，才能使问题学生重树自信心与自尊心。这正是转化问题学生的重要基础。

（二）树立正确的学生观

每个学生都是不同的，我们应充分认识并尊重学生之间的差异。尊重学生差异并不是要把学生划分成优等生和问题学生，而是认可每个学生的潜能，全面地看待每个学生的表现，相信每个学生都有其可取的一面，对学生一视同仁，相信没有不可转化的问题学生。对这一点的有力证明是，许多在学校教育中曾经被认为是问题学生的学生，在步入社会后却有着优异的表现，取得了骄人的成绩。

（三）善于发现学生的优势领域

班主任要对全班学生有清楚的了解，尤其是对在传统教育中被认定的问题学生，班主任应予以特别关注：通过跟其他任课教师交流，了解这些学生在这些科目上的表现；亦可通过与他本人的谈话，帮他分析成绩不理想的原因；还可以开展多种活动，为学生提供展示特长的舞台。通过以上种种途径，我们很可能就会发现以前曾被贴上"问题学生"标签的学生在其他方面有着较好的表现，如有的学生动手操作能力很强，有的在团体活动中表现出较强的组织能力，擅长与他人沟通合作等。

（四）帮助学生将优势智能领域的特点带到弱势智能领域中

多元智能理论认为，通过智能的展示发现学生的优势智能领域与弱势智能领域，目的在于将优势智能领域的特点迁移到弱势智能领域中去，促使学生获得全面均衡的、富有个性的发展。班主任应具备这样一种意识，即应认识到语言智能和数理逻辑智能是当今社会生活中所需要的最基本的能力，但学生现实和未来的丰富多彩的生活、工作和学习所需要的不仅仅是一两种智能。所以，我们应该帮助学生，包括问题学生，实现全面的、和谐的发展。我们可以采取"扬长"的办法，从学生的优势智能领域寻找突破口，引导学生将其在智能强项中表现出来的智能特点和意志品质迁移到弱项中，比如：动手能力强的学生，可以引导其使用工具、器材进行测量、计算，发展他的数理逻辑方面的才能；而组织能力较强的学生，可以使其在人际交往与沟通中发展自身的语言智能。

总之，多元智能理论提醒我们应改变过去单一的智能观，要全面地看待每一名问题学生，尊重他们的个别差异，根据其不同的智能特点区分对待，因材施教。问题学生转化的有效途径不在于"补短"，而在于"扬长"，要通过学生优势智能领域特点的迁移带动其弱势领域的发展。这可以有效地避免对学生进行横向比较，从而最大限度地维护学生的自尊心，激发他们的内部动机。这正是问题学生转化的关键所在。

第五节　问题学生教育转化中的思维方式

对问题学生的教育转化是现代教育的一个重要工作。由于问题学生的形成原因与社会、学校、群体、家庭、个人等多种因素有关，所以教育者必须用多种思维方式耐心细致地分析成因和帮助问题学生。

一、系统思维方式

这一思维方式是把思维对象放到全局中，放到整个系统环境中去考察和把握。运用这种思维方式，教师在了解问题学生时，就不能只看他在学校中的落后表现，还应了解形成这种落后的个人、家庭、学校、社会等方面的原因。随着时代的进步，学生变为问题学生的成因也越来越复杂，教师应综合分析成因，督促、帮助问题学生改变自身的思想、行为等。

二、同步思维方式

这一思维方式是从问题学生的角度来考虑问题，根据问题学生的心理特点和思维方式进行教育，以缩小教育者和被教育者之间的方位差，减少对抗性，增强有效性。有时，教师会发现问题学生的思维方式、心理、情感以及相关能力等都发生了偏离。他们看问题往往比较偏狭、固执、消极，处理某方面问题的能力也比较弱。因此，教育者要从问题学生的角度研究他们的具体情况，用问题学生能够接受的方式教育他们。对问题学生，教育者不仅要说清楚应该做什么，而且要说清楚为什么要这样做，甚至还要与他们一起做。

三、量化思维方式

这一思维方式是用数学的方式评判事物。由于受情感好恶、传统观念等影响，有时候教师对一些事情很难做出正确判断。如果用数学方式进行量化，教师判断起来则容易得多。近些年来，高校普遍进行的"综合测评"——学生行为量化管理，既有助于公正评价学生，又可以对学生行为起导向作用。问题学生大多缺乏自我约束力，量化管理可以时时提醒他们，督促他们。那些持有"60分万岁""自由散漫一点不要紧""犯点小错误没关系"等想法的学生，看到自己的积分与同学差距越来越大，甚至快达到被警告的程度时，就再不敢放任懈怠了。

四、"电击"思维方式

医学上，对一些心力衰竭、心脏停止跳动的危重病人，医生常用"电击"方法，使心脏跳动，使病人起死回生。生活中，对一些误入歧途、执迷不悟的人，猛喝一声或猛击一掌，往往能使之幡然醒悟；对一些犯了严重错误的人，给予相应的处分或绳之以法，也能使之痛改前非。问题学生产生的原因，往往是因为他们放松了对自己的要求，无视学校、家庭的教育，随心所欲，思想上存在"犯点错误不要紧"的想法。教育者只有给他们以严厉批评或处分，他们才会意识到问题严重，悬崖勒马，痛改前非。

第四章

案例解析问题学生的学习问题

第一节 注意力不集中

一般情况下,中学是学生接受知识的黄金时段,诗人感言"板凳要坐十年冷",智者告诫"志坚者方可成大事"。只有注意力高度集中的人,只有意志品质足够坚强的人,只有能控制自己行为的人,才能攀上知识的顶峰。

一、教育案例

"注意力分散"的小琪

在班上,小琪绝对是第一个能让每位任课老师和同学最先记住的学生。他几乎坐不住,嘴也闲不住,嗓门大大的。他还特别喜欢插嘴。上课时,如果老师讲课内容不精彩,他听不懂,他便开始在抽屉里玩自己带到教室里来的东西。而一旦老师讲到一点让他感兴趣的东西,他便会兴奋地从椅子上跳起来,扯着嗓门喊叫,还不时回过头去向全班同学做鬼脸。大家越是笑得厉害,他越是得意和开心,很多老师对他十分恼火,就连我这个班主任都受不了。后来,脾气火爆的历史老师实在吃不消了,竟向他下达"封口令"——绝对禁止他在课堂上开口说话。为此,小琪的妈妈还到学校找历史老师理论,认为这是不尊重学生个性的表现。历史老师无奈,解除了禁令。在课间休息的时候,讲桌上数学老师辛辛苦苦做好的教学模具,不是被他弄坏就是变得面目全非。于是,我接到任课老师的投诉便成了家常便饭。如何教育他呢?我感到头痛和伤神。

我明白,小琪的最大毛病就是管不住自己。他十分聪明,知识量比其他同学丰富,从不怯场。他每次在抢着回答老师的问题时总是能旁征博引，说得头头是道，而且言语能力极强，表达十分流畅。最难得的是，他每次都能十分清楚地认识到自己犯下的错误，每次我把他叫到办公室问他是否知道为什么会被叫来时，他会把自己的错误都说出来，诸如爱讲话、瞎起哄、坐不住、爱插嘴、扰乱课堂秩序等，并表示一定改正，而且态度十分诚恳，诚恳得让我无法生气。可是一转眼，他又让这些老毛病"重现江湖"。由于爱动，他注意力很难集中，常常把老师布置的家庭作业忘得干干净净，上课也常常听得一知半解。所以，小琪虽然十分聪明，学习成绩却一直垫底。要想解决他的问题，首先得从解决注意力问题着手。

我知道，小琪注意力难以集中的一个主要原因就是身边的诱惑太多。这些诱惑包括：老师上课过程中的动作表情、言语声音；周围同学的影响；他自己藏在抽屉里的小玩具等。使他注意力相对集中的办法就是尽量减少这些外界因素的刺激。我决定先从调整座位入手。小琪原先的座位在教室中间偏右靠前，这个位置是他表演和影响全班同学的有利位置。为了让他既不再影响到别的同学，又能给自己腾出学习的空间和时间，我将他的座位调到教室最后一排靠墙独坐。开始时，他不愿意。然后我向他承诺，只要他上课不再乱动，不再影响别的同学，就调到前面来。他接受了。

接着，我与小琪的妈妈进行沟通，请她每天在小琪出门上学前，检查一下小琪的书包，把书包里与学习无关的东西全部拿走，不要带到教室来，以减少使小琪注意力分散的诱因。同时，我让小琪把他的抽屉翻转过来，并请任课老师和同学监督，且规定每节课书桌上只能放本节课的教材和钢笔、练习本，如果放其他东西一律没收，也请邻座同学和老师监督。这相当于把小琪"放逐"到了一个无诱因的荒岛。开始几天，只要上课，他便不停地移动课桌,以此来发泄自己的烦躁情绪,希望引起老师的反感,自己好借题"发挥"。但老师们都只求他不说话、不捣乱便万事大吉,谁也不愿去管他这种抗议。见无效果,他又选择用睡觉来抵制课堂。但终因精力旺盛,他根本无法入睡。慢慢的,为了打发每节课这漫长的45分钟,他开始学着别的同学打开课本,跟着老师的讲解听课了,虽说还有些心不在焉,但已可以基本遵守课堂纪律,不再乱说乱动。

为了在课外也能巩固教育效果,我请小琪父母配合,让他们在小琪回家做作业的时候,尽量不要开电视或做其他容易分散他注意力的事情,给小琪营造一个有利的学习环境。如果可能,请他们陪同小琪一道完成每天的作业:一来可以有效监督他的行为,迫使他在规定时间内能更好地集中精力学习,提高他的自制力;二来可以帮助他及时解决学习过程中遇到的困难,增强其学习自信心。

在解决外部因素的同时,我也在琢磨从内在因素着手解决他的注意力不集中问题。一次偶然的机会,我从相关媒体上了解到,可以通过玩电子游戏来矫正儿童的注意力不集中问题。也许这是一个不错的办法,但在考虑要不要试一下时我犹豫了。因为小琪一直都喜欢玩游戏,只是学校管理严格才没有机会玩,他早就手痒痒了,我这样做会不会适得其反?正在我犹豫不决时,班级在全校文明班级评比中脱颖而出。这是我们班组建以来获得的第一个奖项,我特意强调,它与每个同学的努力都是分不开的,尤其是小琪同学在这一段时间表现相当突出,我让大家说说他在哪些地方与此前相比有了明显的进步。在小琪的愕然与不安中,大家已在七嘴八舌地给他"邀功请赏"了。我一摆手说:"奖励是有的,我可以允许小琪选择一件自己十分拿手、想做却又没机会做的事,大家也可以帮他出出主意，充分用好这一次权利。""玩游戏！"小琪还未开口，班上同学都已迫不及待地叫开了。"可以。"我说，"就玩小琪最擅长的CS（《反恐精英》），在我办公室进行。小琪可以邀请班上其他同学组队一起竞赛，剩余同学观战助威。输家做20个俯卧撑。下午大扫除后进行。"我当场拍板。

小琪不愧是玩家，三下五除二便把对手干掉了，还在网上另找几个别的高级玩家大战了一阵才罢手。我留意小琪在比赛过程中的表现，发现他神情十分专注，不仅没有了"多动症状"，就连说话都较平时少了许多。我叫住他，告诉他我的观察和发现，问他为什么打游戏时可以如此专注而学习时却做不到。他想了想说，自己可能是对学习不感兴趣才会这样的。我希望他能将打游戏的心态用到学习上来，用对待游戏中对手的耐心来对待学习，他的学习成绩肯定不会是这样。他同意了。同时我还和他约定，如果他能坚持两周认真听课和按时完成作业，我可以让他来这里打一次电子游戏，他很高兴。

针对小琪注意力不集中的特点，我特意又找来一堆三维图片让他练习。开始他什么也看不到。后来，在我的指导下，他把自己的精力集中在一个位置后，慢慢能看出一些端倪来了。再后来，他在课堂上的无关行为也在慢慢地减少，也能在规定时间内完成作业，上课时基本可以跟上老师的节奏了。我请班上几个成绩较好的同学帮助他制定出切实可行的学习计划，定出学习目标，帮助他一点点地提高。

大约过了一个学期，小琪的座位开始慢慢地向前移动。他人很聪明，博闻强识，很快迎头赶上各科学习，渐渐适应了各项学习任务和要求。他依然是课后老师们提及的对象，只是已非昔日"吴下阿蒙"，而是老师们交口称赞的好学生了。

二、案例评点

（一）注意力分散的问题与危害

案例中小琪的问题属于中小学生身上常见的注意力不集中问题。注意力不集中往往指的就是学生注意力的稳定性很差，在一个目标上停留的时间很短，注意力容易发生转移。此类问题的表现常常是：上课时注意力不集中，思想容易开小差，一事未完又换另一事，做事冒险或有头无尾，作业难以完成，或边做边玩，想改正自身毛病却无法控制。凡存在此类问题的学生，一般上课都难以集中精力去听讲，常常是"人在曹营心在汉"。这些学生心不在焉，对学习适应困难，自控能力差，作业经常丢三落四，成绩无法提高。

（二）注意力不集中的具体成因

1. 意志品质不坚强

注意力不集中的学生往往意志不坚，做事经常半途而废。就像案例中的小琪那样，经常在班主任、老师或家长面前信誓旦旦地保证会改过自新，可过不了两天便"旧病复发"，无法控制自己的行为。

2. 抵制诱惑的能力差

案例中的小琪正是这样，只要班上同学或老师有一点异样，他总是第一个做出反应。而当别人早已潜下心来认真学习时，他还在乐此不疲地高谈阔论。如果书包里或抽屉中有一件自己喜欢的玩具，他往往等不到下课就会拿出来玩，全然不顾是在课堂上还是课堂外。

3. 家庭早期教养方式欠佳

家庭是孩子成长的第一课堂，父母对孩子的影响往往是伴随他一生的。在与小琪的父母交流中，班主任了解到小琪的好动是从小就养成的。小时候他常常边做作业边摆弄玩具，边吃饭边看电视。而父母出于疼爱不忍斥责，久而久之养成了不良习惯。

（三）对注意力分散学生的教育策略

1．增强意志品质

学生注意力不集中，与意志薄弱关联很大。要改变其注意力状态，关键是增强意志品质。案例中，班主任虽没有明确增强小琪意志品质的做法，但纵观整个教育过程，不论是对其调整座位的承诺还是借助周围的同学、任课教师对他的监督，无一不是在训练、磨炼他的意志品质，甚至用玩游戏的方式，来训练他的注意力和意志力。

2．增强注意的稳定性

注意是心理过程的伴随状态。增强注意的稳定性，除了可以通过减少外界刺激的来达成外，还可以借助一定的方式方法，运用一定的工具。案例中，班主任通过让学生玩游戏、观看三维图像来增强学生注意力的做法，在一定程度上达到了增强注意稳定性的效果。很多心理研究已证明游戏是提高儿童注意力的有效途径。

3．减少无关刺激

这里所说的无关刺激，主要指的是在课堂行为中学生遇到的一些容易引起其注意力发生转移的人和事。在案例中，班主任敏锐地觉察到引起小琪注意力转移的多种因素。所以班主任选择从调整座位入手，通过将其适当"放逐"，并结合请家长收回他的玩具等做法，尽可能地减少与课堂教学无关的人和事来使他集中注意力。

4．家校联手

家庭是学生成长的第一课堂，任何心理问题的产生都会与家庭相关。解铃还须系铃人。在这个案例中，班主任没有绕开家庭单独采取行动，而是多次与小琪的父母沟通，要求家长督促学生按时完成作业，与学习联手，形成教育合力。

（四）教育中应注意的问题

1. 防止简单粗暴

但凡遇到注意力不集中的学生，班主任必须学会从不同的层面来了解他们，不可见风就是雨，试图用一套放之四海而皆准的办法来解决所有的问题。尤其是像小琪这样经常插嘴、捣乱的学生，更容易受到班主任的粗暴对待，而用惩罚来解决他们身上出现的问题或像案例中的历史老师那样用"封口令"的办法加以解决，效果只会适得其反。

2. 切忌耐心缺失

对待注意力不集中的问题学生，班主任首先要有打持久战的心理准备。心理问题从出现、发展到定型往往需要相当长的时间，因而解决它的过程也会是漫长而反复的。如案例中的小琪，今天改正了，不到明天又会再犯，不仅考验班主任的智慧，也考验其耐性。

3. 宜奖罚结合

对待注意力不集中这种属于行为发生异常的学生，教育者常常会用行为疗法来解决，于是惩罚就在所难免了。我们不排除惩罚在治疗行为问题中所起的重要作用，但如果学生出现良好的表现时，能给予及时的奖励，相信教育效果会更理想。

【案例】

培养学生集中注意力

课堂教学效果的良好与否受多种因素的制约。其中，学生上课注意力集中的程度也起着重要作用。从开始接这个班起，我就仔细分析了学生的学习情况，发现有的学生上课注意力集中时间不长，导致他们学习成绩和学习状态不佳。主要表现在老师讲授新课时重点没有听到，或者是记忆不深刻，做作业过程中感到题目生疏，不知如何入手，也不能举一反三。如果不及时改变这种现状，学生的思维能力就得不到发展，学生也会因此逐渐失去学习的兴趣，甚至会对学生的心理趋向和价值观等产生重要影响。

控制注意力的问题，是教师工作中非常精细的工作，而且目前研究得还很不充分。要能控制注意力，就必须懂得学生的心理，了解他们的特点。通过长时间地观察和思考，我想：要能使学生集中注意力，只有一条途径，那就是要使学生形成并且保持这样一种内心状态，即情绪高涨、振奋的状态，使他们体验到自己在追求自己未来的人生。当然，还有很多方法可以用于提高学生的注意力，例如让学生重复老师的话，经常反思自己的行为等。但是那些方法往往使学生被动地去接受，并没有从本质上改变学生注意力不集中的状态。在这种情况下，不管老师付出多少努力，效果并不佳。爱因斯坦说过，兴趣是最好的老师。学生注意力不集中的根本原因在于对所学知识没有兴趣。一旦能调动起学生的热情，学生将会变被动学习为主动学习。我曾经让学生在课上重复老师的要求，但学生经常会十分紧张，教学进度也会被推迟。我曾经采取个人评比与小组评比的奖励机制，但学生们却因为某一学生的失误而抱怨。最后，学生除了莫名的疲惫，见不到积极的进步。但有一堂课出乎我的意料，给了我很大收获。在学习"呼吸系统"这一章时，为了了解人类吸进的气体与呼出的气体有什么不同，要做向澄清的石灰水吹气的实验。在实验的过程中，同学们都集中精神盯着试管，想要看看到底会发生什么变化。结果他们看到试管里的液体逐渐变浑浊了。通过这一现象，同学们加深了印象，同时想知道为什么石灰水会变浑浊，对于下面的学习非常感兴趣了，学习的效果非常好。

通过这节课，我发现学生的注意力不是不能集中，这个问题也不再是一个令人挠头的问题了。既然在课堂中注意力集中时间短这个现象尤为明显，我们就应该抓住学生发展的年龄特点、所教授的知识以及所采用的教学方法，在学生认知发展的基础上进行教育，将抽象的东西具体化，让学生产生兴趣。只有这样，他们才愿意自觉集中注意力。可以看出，学生在情绪高涨的情况下，注意力集中的时间往往会持久一些。

虽然教师在竭力营造好的教育氛围，但要注意，学生并不总是在单纯地听老师讲课。要让学生成为学习的主人，对知识进行思考，因此教师要动用智育的一整套手段来使学生保持这种认真、专注的状态。如果单单依靠在上课时采取某些特殊的方式，那是不能完全达到目的的。

此外，教师还要将"不随意注意"与"随意注意"相结合。当学生一边听讲一边思考的时候，这种结合才能出现。就是说，在说讲的学科中，我们应当使学生在接受新知识前已经掌握了某些知识，这样学生学习起来就不会那么疲惫，会越学越轻松。注意力在经过这样的训练后，会减轻学生脑力劳动负担。因此，在课上，只要将"不随意注意"和"随意注意"结合起来，学生就不会那么疲惫。

总之，教师要采用丰富多彩的教学手段和方式，调动学生的学习情绪，保持住他们振奋的学习状态，这样学生才会自觉集中注意力。反之，只能引起学生对知识的反感态度。哪怕是再勤奋的学生，也会减缓大脑的思考，思维能力从而下降。同时，可以将教育与教学结合起来，利用更好的教学手段和教学方式，培养学生更好的学习习惯。

第二节　学业困难

法国哲学家 R.笛卡尔说，世界上没有两片完全相同的树叶。在面对繁重的学习任务时，学生的学习能力表现得千差万别、高低各异。有的学生能够举重若轻，有的学生则望而生畏。攻书，犹攻城，只有不畏艰难险阻者，只有善用"兵法"者、"能攻善守"者才能成为赢家。

一、教育案例

"差生"阿正

在学校，阿正绝对算得上是个"人物"。一身破旧的牛仔服，一头像鸡窝一样乱的黄发，加上比同龄人高出一头的个子，使他在全校同学整齐划一的校服堆里，显得"鹤立鸡群"。阿正的出名，还不是因为他的穿着打扮，而是他的座位常常是空着的。每天早上，同学们都在上早读课了，他才睡眼迷离地出现在教室门口，有气无力地喊着"报告"，在众人习以为常的目光中径直走到自己的座位。但往往上到第三节课他的座位又空了，人早溜得不见踪影。于是，我经常接到民警半夜打来的电话，在某处抓到打群架的人，其中有一个是我班上的阿正。就因为他，我们班总和"文明班级"的荣誉擦肩而过。

在班上，阿正几乎从来不交作业。有几次实在被任课老师盯紧了，他才勉强象征性地做一点作业。但是，你给他布置10道题，他最多完成4道，且错误百出。他也从不向老师问问题，老师上

第四章 案例解析问题学生的学习问题

课也从不向他提问，老师与他仿佛达成了共识——"你不惹我，我也不找你的麻烦"。尤其是在习惯了他的逃学后，几个任课老师干脆在点名时将他的名字略去。有时，即使他在场也是如此。他也不在乎，照样趴在桌子上做他的白日梦。

此时，我当阿正的班主任也快两个月了，想找他好好聊聊，了解他的情况，但几乎都没机会。我有课时他也上课，我没课时他便开溜。我只知道在他小时候，他父亲在一次与人争执时不幸被害身亡，母亲随后改嫁，他便和年迈的爷爷奶奶相依为命。两位老人对这唯一的宝贝孙子宠爱有加。只要孩子能健健康康地活着，他们就满足了。至于孩子的未来，他们并不奢望他能考上什么好大学。所以，阿正从小就没有目标和动力，每天睡到自然醒才去学校。升入中学后，阿正与其他同学的差距越来越大，学习信心更显不足，上课除了打瞌睡、在书本上乱涂乱画之外，逃学、打架顺理成章地成为他忘却自身烦恼、找回自尊的最佳方式。

在一个下雨的早晨，我与阿正的真正接触开始了。那一天，班上平时几个成绩不错的学生迟到了，他竟然破天荒地没有迟到。我找到与阿正接触的切入点了。我先是旁征博引地教育其他迟到的学生：人要学会规划好自己的时间，才能规划好自己的学业。接着，我开始表扬起阿正来：这么大的雨，他都风雨无阻地准时来到学校，这种精神难能可贵……

下课后，我约阿正到我办公室来一下。也许是第一次单独面对面地谈话，他显得很拘谨，又搞不清楚我找他来是为了什么。不管我问什么，他的回答都很简短，不愿多说一个字。

我尝试着改变发问方式："可以告诉我你遇到什么困难了吗？告诉我，也许我能够帮你，相信我。我像你这么大的时候，也曾遇到过同样的困难，也是在当时的班主任帮助下才得以解决的。"

他再次沉默，许久才开口："都这样了，谁也帮不了我的。其实，我并不是不想学，可就是学不进去。我基础差，上课根本就听不懂，作业也不是不想做。在班上我老是最后一名，和别人的差距越来越大，我想请班上同学帮助我，可他们都不理我。干脆放弃算了，我真不想上学了。"

随即，在我的劝慰下，他终于勉强答应和我约定，以这个学期剩余的时间为限，认真学习。我换了一个角度劝慰他，希望能换位思考，想想他过世的父亲。他神色有些黯然，头垂得更低了……

我先要他坚持一个星期不旷课，每天按时作息。我知道，他所遇到的学习问题，首先是学习习惯问题。心理学研究表明，任何一种行为，只要能坚持三个月便能成为习惯。考虑到像阿正这样一个逃学已成习惯的学生，要他一下坚持三个月是不可能的，只能循序渐进。他只要能坚持一个星期就是不错的开头了。果然，在头三天，他还能准时上学，坚持坐到放学，到了第四天便开始迟到了。我感觉他要"毁约"，便在早读后再次把他叫住，先是赞扬他这几天的优异表现，并再次让他相信自己能够做得更好。然后我问他收获和感受，并叮嘱他，再坚持两天这一周便完满，切不可半途而废。接着和他拟定两周、一个月的计划。在此过程中，他虽然时有反复，但在我的及时监控下，整个表现还是可圈可点的。

另外，我觉得还应该切断他与校外人员的联系。在我和他的约定中，有一条就是手机管制，他答应不再带手机到学校，一旦被我发现，就将强制性管制。为此，他的手机在我抽屉里整整睡了一个冬季。没有了手机，社会上那些想找他出来玩的人便无计可施了，他的心也就安定了下来，用来思考学习的时间和机会也相应增多了。

然后，我想办法增强其学习信心，对他进行学习指导。我请各任课老师共同协助做好对阿正的教育，请他们抽空对其学习做及时指导；同时，考虑到阿正学习自信心严重不足的现状，我建议他们在上课时设计一些简单的问题提问阿正，帮助他一点点地树立起学习自信心，为下一步的学习计划铺好路，搭好桥。我发现其实阿正并不是对所学的知识都不懂，而是由于经常逃学，对于整个知识体系和结构一知半解。为此，我让他把自己学习中根本不懂的和似懂非懂的知识列出清单，及时找相关老师请教，以便扫清知识的盲点。

最后，我还专门成立学习互助小组对他实施监督。班上本来就有学习互助小组，但一直没人跟阿正搭档，学生互助小组大多也名不副实。为了更好发挥其功效，我指定学习委员对阿正负责，并让小组长负责收缴他的各科作业，对他每天的学习情况进行检查，同桌负责监督他的听课和按时到位情况。

在大家的帮助下，阿正的行为受到有效制约，学习方法慢慢得到改进，成绩一点点得到提升。随着对知识的掌握越来越多，他对学习的兴趣也逐渐得到了培养。如今，虽说他仍然不算学习优秀的学生，但已不再视学习如洪水猛兽了。相信假以时日，他一定会赶上同学们的。

二、案例评点

（一）学业困难的问题与危害

阿正的问题属于典型的学业困难问题。这类问题学生的表现是：听课吃力，对学习缺乏兴趣，不能独立完成作业，甚至厌学、逃学。这种问题学生由于对学习缺乏兴趣，其兴趣就会转移到别的方面，如打架、玩游戏等。对此，学校和家庭应予以高度关注。

（二）学业困难的具体成因

1. 不良学习习惯

学习是一个长期、不间断的过程，学生不仅要有坚忍不拔的意志，还要具备良好的学习习惯，这才是成功的重要保证。从阿正的身上，我们不难发现，正是他从小未养成良好的学习习惯，导致了在学习上各种问题的出现。

2. 注意力差，意志品质不强

注意力是贯穿整个学习过程的一种心理品质。许多学习困难的学生有注意力不能持久的表现。上课时，他们的注意力容易涣散，时常处于失神状态，书也不翻，笔也不动，或者趴在桌子上睡觉，或者在桌面及书上胡乱涂鸦，或者做与本堂课无关的作业，一心多用。在家里复习、做作业也是这样。案例中，阿正也明显存在着类似行为。

3. 家庭溺爱

每一个问题集中的学生身后，都会有家庭因素在起作用，也有其他社会不良影响在推波助澜。案例中，爷爷奶奶对阿正的隔代教育，不仅未能做到很好地引导他，反而是一味地进行爱的补偿，甚至纵容，使他对学习的意义缺乏必要的认识；社会则在此刻向他发出充满诱惑的召唤，从而把他引向了一条与社会和学校期待不一致的道路。

（三）学业困难学生的教育策略

1. 培养学习兴趣

兴趣是最好的老师，而动机则是学习的内驱力。学习困难的学生大多对学习缺乏兴趣，或者是学习动机不强。因此，要彻底解决学生的学习困难问题，关键是需要其明确动机，培养学习兴趣。兴趣有来自学习本身的，也有来自学习外的，如对老师的尊重和喜爱。内驱力则是来自学生的内心世界，它能激发学生学习的潜力。案例中，阿正之所以想到社会上混，一个主要原因便是父亲的惨状使他误认为只有自己厉害才能保护自己；而班主任反其道而行之，告诉他换一种角度看问题，如果爸爸在世会希望他怎样去做，引导他进行深层思考，对于促使他完成后面的学习任务起到关键作用。

2. 提高学生自信

自信是成功的基石。学习上存在困难的学生，常常会因自己的学习成绩差而陷入严重的自卑之中，总会盲目地怀疑或自责，认为自己脑子笨，不是学习的料。如果我们能在日常教育中适当给予这一类学生以鼓励，像案例中的班主任和任课老师那样利用各种场合增强学生的自信心，再留给学生消化知识的时间和空间，那么，每个学生都会提高成绩。

3. 行为上规范，方法上指导

学生出现学习困难，大多是学习习惯不好和学习方法不当所致，包括作息时间安排不当、学习各环节的处理不当等。因此，面对这类学生，不能单纯从解决思想上和心理上的问题进行教育，还必须结合他们具体的学习情况着手解决。像案例中的班主任那样，先把学生的身心固定在教室，再通过请任课老师协助，让同学们帮忙等方法，从技能技巧上给予他明确的指导和帮助，从而解决困扰学生的最实在的问题。

4. 用好同伴的力量

我们始终认为，学生身上出现的任何问题都可以通过团体力量得以解决。学习问题也是如此。存在学习困难的学生，内心缺乏自信，要让他直接找老师请教，一来不方便，二来顾虑太多。他们要么是不敢前往，要么担心老师瞧不起自己。有时，即使前去请教问题，自己没能弄懂，也不敢多问，因为怕老师不耐烦。别的同学则不会有这么多担忧。从案例中，我们也可以明显感受到来自同学和同伴的力量在阿正学习过程中的重要作用。

当然，在教育过程中，良好的沟通、和谐的师生关系、教师对学生无微不至的关爱和平等的对待也都会成为帮助学习困难的学生成功解决问题的重要因素。

（四）教育中应注意的问题

1. 平等对待

学习困难的学生一般自信心都相对不足，甚至会自卑。为了掩饰自己，他们像阿正那样，常常打架，以显示自己的强悍。但作为教师，在教育过程中，切不可只看到他们打架斗殴的一面。其实，在学业上，在班级里，他们则是弱势群体，更需要老师的关爱和尊重。案例中，从整个教育过程来看，班主任虽不满意阿正的表现，对他却未有丝毫的轻视。

2. 改变评价方式

对学生来说，老师的评价未必就是"圣旨"，可是，就像一个长期生活在黑夜里或冷眼中的人一样，如果有人给他一点亮光、一句赞扬，就能激起他生活的勇气。对学习困难的学生更是如此，哪怕他们取得的是一点微不足道的进步，如果我们能给予及时表扬，那么这就可能成为一次转机。

3. 长远计划

《管子·权修》中说道："一年之计，莫如树谷；十年之计，莫如树木；终身之计，莫如树人。"教育是一个长期的过程，不是立竿见影、一蹴而就的。对待学习困难的学生更须耐心，他们就像晚熟的果实，只要耐心等待，就会有醉人的香甜。

第三节　自信心缺失

自信心是一个人获得成功的必备心理素质之一。以中学生为例，学业的一时成败说明不了太多问题，如果他认为自己不是学习的料，就会自暴自弃，学习效率就会低下。而当他有了自信心，他就有了前进的动力，就能最大限度地开发出自身蕴藏的潜能。

一、教育案例

李辰的自尊心哪儿去了

当大家正要开始体验"黑色"高三生活时，李辰开始了他痛苦的"高四"生活。他曾是一名优秀的学生，考试成绩一直名列前茅。然而他出人意料地在高考中落榜了，认识他的人无不为他感到惋惜。开学的第一天，我组织全班学生举行了隆重的欢迎仪式，迎接这位特殊的新同学。金秋阳光灿烂，同学掌声热烈，然而李辰的脸上却没有一丝阳光和快乐的表情，我只看到了一张迷茫而又憔悴的脸。显然，高考落榜的阴影还笼罩在他心中。

作为班主任，我深感自己责任重大，决心不让他重蹈覆辙。于是，我开始对李辰的情况进行深入的了解。李辰是一个农村孩子，来自偏远山区。由于父母离异，他从小和爷爷生活在一起。他学习勤奋努力，考上了城里这所重点中学。但是由于生活环境的反差太大，他不适应城市的学习和生活环境。不同的成长背景使得他和城里的同学缺乏共同语言。久而久之，他变得不爱说话，自我封闭起来。每天，他除了刻苦学习，不理会其他的事。这样一来，虽然他的成绩不断进步，甚至达到了数一数二的水平，但是他的自闭倾向越来越严重，而且内心脆弱，情绪不稳定，以致他把高考看成是人生中的生死决战。由于心理压力过大，他在高考前紧张得彻夜难眠，导致了他第一科没有发挥好，进而影响了其他科目的发挥，结果以失败告终。我想，李辰高考的失败主要是由于他的性格内向，缺乏信心。所以，我必须帮助他树立信心，解开他心上的结。

一次周末晚上，临近中秋节，大部分学生都回家了，唯有家较偏远的同学留守学校。于是他们自发组织了一次联欢会。在联欢会上，这群朝气蓬勃的学生又唱又跳，兴高采烈地畅谈着未来。当然，李辰并不在其中。我心里纳闷，他家在偏远的农村，怎么可能回家呢？难道在寝室里？于是，我带着疑惑走出教室，径直来到学生寝室。果然不出我所料，李辰一个人在寝室里学习。昏暗的灯光下，他的背影显得格外孤单。我敲门进屋后，他惊讶地望着我："老师，您怎么来啦？"我笑笑："你怎么不去和同学们一块玩呢？"他失落地低下头，沉默了一会儿，低声地说："老师，我是复读生，家境又不好，所以我必须要比他们付出更多的努力。况且，我与班里的同学平时交流也不多。"我听了这一番话，心里不免有些替他难过。作为班主任，我并不了解这个孩子肩上背负着这么重的压力。于是，我借着这个机会和他长谈了一番。从高考的失败到目前面临的学习和家庭压力。我仔细地给他分析了高考失败的原因并提出解决措施，同时我也直截了当地指出了他存在的压力和曾有的失利很大程度上与他自身的性情和生活环境有关。我拍着他的肩膀，语重心长地说："李辰，你肩膀上背负着压力，说明你有很强的责任感。但如果你不试着缓解压力，它会压垮你，到时你就真的心有余而力不足了。好好调整自己的心态，给自己多点信心。信心有了，成功还会远吗？老师相信你！"他若有所思地点了点头："谢谢您，老师，我会努力的！"谈完话后，我与李辰一起来到联欢会现场与同学们一起联欢。

这次谈话中，我发现经历过高考惨败的他诚恳地接受了我的分析和建议，他也意识到有必要做一番自我调整。同时他也明白了，他的问题产生于环境影响而形成的自闭性格，解决问题之根本就是要改变极度内向的性格，变得活泼些、开朗些。这次谈话为他的转变奠定了心理基础。

从那以后，我便组织全班同学开展了一系列活动。如在每一期的黑板报中，我都要求文艺委员写上几则笑话，让大家在欣赏完美文后能够开怀一笑；每到周末，我组织全班学生打排球、篮球或者拔河，让学生在疲惫的学习生活中能得到放松，在游戏中增强交流，在沟通中得到欢乐。不久，李辰在活跃、热情、向上的班级气氛影响下，性格明显改变了很多，变得开朗、活泼了。他还主动参与班集体活动，不再是过去那个冷漠且独来独往的他了。

期中考试的前一天，我在校园散步时遇到李辰，他主动与我打招呼。这时，他突然问我："老师，明天就要期中考试了，我总觉得没有太大的把握。"我拍着他的肩膀微笑着说："相信自己！"他微笑着与我告别。想着他的话，我觉得他还是缺少自信。期中考试成绩揭晓，虽然李辰总分不太理想，但是他的数学成绩排全班第一。为了帮助全班学生提高数学成绩，同时也为了树立李辰的信心，我特意设立了班级数学兴趣小组，并任命他为组长。由于他的数学成绩好，许多同学都主动找他解答数学问题。他在为别人解答难题的过程中，不断与同学交流，性格变得越来越开朗，自信心也日益增强。

一年一度的"毕业杯"足球联赛开始了。由于李辰足球踢得不错，我任命他为我们班的足球队队长。在足球场上，他自由驰骋，充满自信。

自信心好比埋在人们心中的一颗种子，在适宜的土壤和气候的滋养下，就会萌发并茁壮成长。接下来的日子对李辰来讲是简单而轻松的。尽管他也出现了大部分人都会出现的学习"高原期"，但他已经深深地明白，高考只是人生的重要一站，并不是人生的终点站。人生就是一盘变化莫测的棋局，高考只是人生中一颗重要的棋子，这步棋走错了，就会影响到整盘棋局，所以必须小心谨慎，步步为营，不可急功近利，更不能过于紧张，以致自乱阵脚。有了这样的心态，他是没有理由失败的。我为他的改变而欣喜，他终于解开了心结，在蔚蓝的天空中展翅飞翔。或许，他以后能飞得更高更远。

二、案例评点

（一）自信心缺失的问题与危害

这个案例反映的是中学生因性格内向导致自信心不足的问题。极度内向的青少年往往有以下表现：不爱交流，很少跟周围同学聊天；做事不与他人合作，常被孤立；心理承受能力差，缺乏自信心。丧失自信会严重影响学生的学习，使学生变得多疑，无法与人沟通交流，更加封闭自我。这种"症状"会对学生的心理发育造成极大危害，直接影响其今后的人生。案例中，李辰就是因为自身性格内向孤僻，不愿向他人敞开心扉，同时又因为家境贫困导致严重的自卑感，使他与班中同学格格不入，导致他的心理压力过大，高考失利。

（二）自信心缺失的具体成因

1. 学校环境的影响

学校对于每位学生的性格和信心的影响是不容忽视的。现在很多学校都实行封闭式管理制度，这对学生的人身安全和学校的教学效果是有利的。但是这种管理也存在使人的性格趋于内向，使学生相互间沟通困难的问题。如果班级气氛良好，同学积极向上，那么不同地区的学生都能相互交流，一起学习，共同进步；如果班级气氛不和谐，来自农村地区的学生会有一种低人一等的感觉，他们无法与城市的学生交流，缺乏自信心。案例中的李辰就是这样不爱说话，自我封闭，除了刻苦学习，不理会别的事，性格也因此变得更内向，甚至失去自信。

2. 失败与挫折的打击

性格极度内向的人一般心理承受能力差，信心不足，失败和挫折对于他们来说无疑是雪上加霜，使得他们信心不足的问题更加严重，而信心缺失又会加剧自我封闭。如此恶性循环，后果堪忧。案例中的李辰高考失败，使他性格变得更加内向，对人对事更加冷淡了。

3. 家庭环境干预

性格受天生因素的影响，但天生因素并不是唯一的因素，在成长过程中接触的事物和接受的教育也是学生性格形成的重要原因。自信也不是与生俱来的，它是在成长过程中不断接触新事物、不断学习而形成的。家庭是每个人最初的学习场所，因此家庭因素对学生性格的培养和自信心的树立至关重要。如果家庭不和谐、不完满，教育方式不正确，家长与子女缺乏交流，相互之间沟通不畅，就很容易使学生慢慢孤僻起来。在这种环境中，性格内向的人往往觉得低人一等，便不主动与别人接触，封闭自我，因此接触新事物、学习新事物及与人交流的机会少之又少。案例中的李辰就是一个在非常贫困的单亲家庭中成长的孩子，受家庭环境因素的影响，他很少得到他人正确的心理引导，因而造成他性格的内向与自信心的严重缺失。

（三）自信心缺失学生的教育策略

1. 建立和谐的师生关系

叶圣陶认为，师生之间应该确立朋友一样的和谐关系。他说，无论是聪明的、愚蠢的、干净的、肮脏的，我们都应该称他们为小朋友。我要做学生的朋友，我要学生做我的朋友。因此，每一位教师在教育工作过程中，都应经常与学生交流，及时了解学生的心理变化，尊重学生的思想、尊严和个性，多给学生一份关爱，多给学生一份温暖，做学生的良师益友，积极建立和谐的师生关系。案例中的班主任一直积极建立和谐的师生关系。班主任用行动关心学生，感动了李辰，赢得了他的尊重与信任。他欣然接受班主任交给他的任务，这为他积极参与班集体活动、树立信心奠定了基础。

2. 引导学生融入班集体

教师要充分调动学生参加集体活动的积极性，营造和谐的班级氛围。很多学生对参加集体活动不感兴趣，其主要原因是他们缺少参加集体活动的经历。其实，参加集体活动越少，锻炼的机会越少，自信心就越不足。一个人在参加集体活动时，会在集体活动中得到很多方面的能力锻炼。这种锻炼的机会是非常难得的，因为一个人能力的高低、知识水平的高低等都会在集体活动中得到体现。一个人经常参加集体活动，不仅可以找到自己的不足，充实和发展自己，还可以发现自己的长处，扬长避短。

3. 给学生创造成功的机会

成功对人的发展具有激励作用。对自信心缺失的学生，要努力为他们创造更多的机会和条件，多给予他们成功的机会，让他们从点滴的进步中感受成功的喜悦，进一步树立自信心。案例中的李辰是一个在很多方面很优秀的学生，可是就因为性格的问题，很少参加集体活动,因此他的这些能力就鲜为人知了。班主任给了他展示自我的机会,使他有机会展示自己的能力,在老师和同学的认可中他找到了自信心。班主任给予李辰成功的机会,这在无形之中让他将自己的优势表现出来,感受到成功的喜悦,不断树立自信心。

（四）教育中应注意的问题

1. 为学生创造展示自我的机会

要为学生创造与他人交流的机会,同时也要为学生创造展示自己才能的机会。案例中的班主任为了树立李辰的信心,特意委任他为数学兴趣小组组长,让他加强与其他同学的交流,更让他有机会表现自我。

2. 鼓励学生

教师,尤其是班主任,首先自身要充满信心,这样才能起到为人师表的作用。然后,要经常给予学生鼓励。案例中的班主任不仅充分给予李辰信心,而且对自己也是信心十足,他坚信自己能够帮助李辰摆脱困境。最终,他成功了。

第四节　偏　科

偏科是现今困扰许多学生,也困扰班主任和家长的问题。偏科是指学生由于对某些学科缺乏兴趣等原因,对其不重视,花在上面的时间和精力非常少,最终导致科目成绩不理想。偏科不仅会导致学生学业发展的不均衡,而且长此以往也会对学生的心理发展产生潜移默化的影响。那么,如何引导学生克服偏科这一缺陷,如何引导学生全面地提高学习成绩,如何培养新时代具有综合素质的人才,是我们教育者面临的难题。

一、教育案例

偏科的林宇

开学不久，我发现林宇在英语课上不是趴在课桌上发呆，就是目不转睛地望着窗外，或者干脆趴在课桌上睡觉。显而易见，他对英语毫无兴趣。对于林宇的这一系列不良的表现，我及时向各任课老师和他的家长进行了反映。

一天，林宇来到我的办公室，他请我帮他解答题目。我帮他解完题后，对他说："林宇，我发现你不喜欢上英语课。"他说："老师，我上初一时，英语成绩还行。但英语老师很少在意我，从没有表扬过我，所以我渐渐地失去了学习英语的兴趣，再也不想学了，成绩也就下降了。"在与林宇谈话的过程中，我觉得他是由于不重视英语科目，放松了对英语的学习，才慢慢跟不上并最终失去学习英语的兴趣的。我必须先让他了解偏科的危害，改变他学习英语的状态。我说："林宇，你这样偏科，对你以后的学习非常不利。老师希望你以后能改变，重视英语。"这时，林宇有点不耐烦地对我说："老师，我知道我英语不好，可我对英语实在提不起兴趣，看到英语就烦，为什么您总是要我做我不喜欢的事呢？我不想学英语！"我微笑着说："例如，八块木板围成一个木桶，但是这八块木板长短不一，你认为这个木桶所盛的水量由哪块木板的长度决定呢？"他想了想，说："当然由最短的那块木板决定！"我微笑着说："非常好！那你的偏科和综合成绩之间有没有联系？"他听完我这番提示后，沉默了，眉宇紧锁，陷入沉思。过了好久，他展开紧皱的眉头，笑着对我说："老师，谢谢您！我明白了，我以后会努力学好英语的！"经过这次谈话，林宇在英语课堂上的表现有所变化。

第四章 案例解析问题学生的学习问题

但不久后,我发现林宇在英语课上又旧病复发了。为此,我请他到我的办公室。我对他说:"林宇,这几天你在上英语课时不太认真。"他说:"老师,是的。我花了大量时间学习英语,可成绩还是不见提高。这给我打击太大了,我现在对英语既没有兴趣,又没有信心。"我微笑着说:"学习是一个量变到质变的过程,你必须有耐心。每次考试后,你应该认真分析,找出失分的具体原因,在学习英语过程中注意不断总结,多向身边的同学和老师请教。继续努力吧,老师相信你一定能战胜困难。"他低下头说:"老师,我尽力吧!"

有一次班会课上,我邀请了我们学校的外籍教师来我们班与同学们进行交流。交流过程中,大部分同学都努力克服自己不敢开口的胆怯,大胆地向外教介绍自己,并向外籍教师提出自己对外语学习或者外国风俗习惯的疑问,气氛很好。但林宇一言不发。于是,我走到他的身边说:"林宇,你向外籍老师介绍一下你自己,好吗?"他支支吾吾地说:"老师,我……我不行。"我微笑着说:"相信自己,你一定能行!"在我的鼓励下,林宇站了起来简单介绍了自己。在交流快结束时,外籍教师给同学们唱了一首英文歌。外籍教师在唱歌的时候,我发现林宇显得格外高兴。课后,我问林宇:"你是不是很喜欢英文歌?"他笑着说:"老师,是的,您怎么知道的呢?"我微笑着说:"你在班会课上的表情让我感觉到的。我如果成立班级英文乐团,并任命你为团长,你愿意吗?"他思考了片刻说:"老师,我怕我做不好,辜负了您的希望。"我便说:"不会的,你一定能做好。"最后他点点头。在他的组织下,后来我们的英文乐团在学校有了很大的影响,获得了很高的评价。同时,在我的倡导下,我们班级设立了英语兴趣小组,每周由英语兴趣小组组织开展一次英语角活动。在活动中,同学们大胆用英语自由选择对象进行聊天,这打破了常规的一对一的小范围的对话。通过这些活动,林宇在轻松愉悦的氛围中学习英语,感受到了学习英语的乐趣。

第一学期结束后,我在家庭报告书上,向林宇的家长详细汇报了他在校的情况,特别表扬了他在英语学习方面的进步。林宇家长对孩子在学校的表现很满意,还特别致电感谢我。

第二学期开学不久,林宇在家长的陪同下,又一次与我进行交谈。谈话中,我意识到林宇非常渴望与一位英语成绩较好的同学同桌。于是,我将全班学生的座位做了一些调整,安排英语成绩好的学生和英语成绩不太理想的学生穿插着坐。我特别安排了英语课代表与林宇同桌。受同桌的影响,林宇似乎找到了学习英语的兴趣和自信心,他学习英语的热情不断高涨。通过长时间的高效练习和同桌的帮助,林宇的潜力不断被挖掘出来,英语成绩也在不断地提高。

期中考试成绩揭晓后,林宇手中拿着英语试卷,跑到我的办公室,兴高采烈地说:"老师,我的英语考试成绩三年来第一次考这么好,谢谢您!"看到林宇如此高兴的样子,我欣然说:"老师为你的进步而高兴!只要你坚持,你会做得更好。希望你以后再接再厉!"他微笑着点点头。从那以后,我发现林宇开始克服内心的胆怯,积极请教英语老师,与同学的交流也越来越频繁,英语成绩不断提高。

二、案例评点

(一)偏科的问题与危害

这个教育案例反映的是当前学生尤其是中学生大量存在的偏科问题。现在,学生偏科现象屡见不鲜,不仅令家长焦虑不安,老师也头痛不已。偏科往往表现在学习态度上，学生总是"哪壶开提哪壶""哪壶不开不提哪壶"：对感兴趣的科目格外勤奋学习，因而成绩优异，受到老师表扬，从此更加努力，形成良性循环；对不感兴趣的科目，听课模糊，作业马虎，考试屡屡受挫，学习愈发消极，从而形成恶性循环，同时也会影响到其他学科的学习。这种"厚此薄彼"的现象无疑是与全面发展的素质教育要求背道而驰的，长此以往，将会给学生带来沉重的心理压力，严重影响学生的身心健康发展。

（二）偏科的具体成因

1．个体天性

一个人对某些事物有特殊的喜好，而对某些事物不感兴趣，从小就可以看出来。有的孩子学儿歌、认字很容易，语言流畅，表达能力强，而学习计算和图形推理就很困难。这种倾向随着孩子年龄的增长和学习的不断深入日益显现出来，是产生偏科现象的原因之一。

2．知识结构中的漏洞

学生无论学哪一门学科，都可能由于种种原因出现知识漏洞。如果能及时补上这些漏洞，则没有什么问题，但如果自己忽视了，家长和老师也没太注意，这些漏洞就可能扩大，大到一定程度，就听不懂新课了。这种情况在英语学习方面表现得最明显。学生越不懂就越没有兴趣，越没有兴趣则越不爱学，不爱学就更跟不上。渐渐地，学生就会在感情上厌恶和躲避这门课，于是就偏科了。

3．失败感扩展

有的学生走向偏科并不是因为知识有多大漏洞，而是学这科总是得不到老师的表扬，成绩总不理想。学生一般都是这样：某一科能得到好分数，老师表扬他，他就越学越有劲；某一科总是受挫折，他就会越来越消极。这种状态持续的时间长了，就可能形成偏科。一般学生能适应不同老师的不同教育方法，但有的学生性格特别敏感，接受不了一些老师严厉的教育方法，就易有失败感和挫折感，导致师生关系紧张甚至对立。这门课再长期不换老师，就容易造成这类学生学不好这门课，形成偏科。

（三）偏科学生的教育策略

1. 培养学生的自主学习兴趣

兴趣是指学生在学习过程中对某些学习内容所产生的好奇倾向。古今中外，凡有成绩者无不对自己所从事的事业有着浓厚的兴趣，兴趣推动着他们孜孜不倦地追求而取得成功。爱因斯坦曾说过，兴趣是最好的老师。因此，教师应采用多种方法，借助多种手段，通过多种途径来激发学生的学习兴趣。在前面的案例中，班主任利用班会课邀请外籍教师到班上与学生交流，学生在课堂上表现得非常活跃，林宇在班主任的鼓励下也介绍了自己。更重要的是，班主任在这次活动中发现林宇喜欢英文歌，于是以这一点作为培养林宇英语学习兴趣的切入点。之后，班主任又组建班级英文乐团，并任命林宇为团长；同时，还设立班级英语兴趣小组，开展英语角活动。通过这些活动，林宇在轻松愉悦的氛围中学习英语，感受到学习英语的乐趣，消除了对英语的恐惧感。

2. 树立学生的自信心

自信心是一个人自己相信自己的愿望或预想一定能够实现的一种心理状态，是一个人的自我意识的重要组成部分。自信心是力量的源泉，是胜利的保证。它犹如混凝土建筑中的钢筋，是人们自身行事的脊梁。良好的自信心是成功的一半。怎样培养偏科生的自信心呢？教师的外因作用不可忽视。与其他学生相比，偏科生更需要教师的关心和鼓励。在上面的案例中，班主任发现林宇学习英语没有自信心，多次主动找他谈话，鼓励他继续努力，坚信他可以战胜困难，让他感觉到老师对他的关心与肯定，感觉到他不是"孤军"奋战，他的身边还有一直鼓励和支持他的老师在给他指引方向，使他产生我能学好英语的信念。同时，每当林宇有点滴进步时，班主任总是不失时机地表扬和鼓励他，不断增强他的自信心。

3．促进学生之间的交流

在现代社会学习生活中，人与人之间的交流十分必要，对于中学生则更为重要。中学生的心理特点显示，学生在交流过程中，一旦自己的观点被别人认同或接受，他们的学习热情会更高涨，兴趣会更浓厚，自信心更强。在前面的教育案例中，班主任邀请外籍教师与学生们进行交流，组建班级英文乐团，并任命林宇为团长，设立英语兴趣小组，开展英语角活动，让学生们相互沟通，促进交流。林宇在与同学们的相互交流中，培养了学习英语的兴趣。此外，班主任还对全班学生的座位做了一些调整，安排英语成绩好的学生和英语成绩不太理想的学生穿插着坐，特别安排了英语课代表与林宇同桌。在同桌的帮助下，林宇找回了学习英语的自信心，他学习英语的热情不断高涨，潜力被不断挖掘出来，英语成绩也不断提高。

4．加强与家长的沟通

家庭教育与学校教育是互相补充的，两者配合得越默契，产生的教育合力就越大，效果就越显著。要使家长的教育配合学校教育，保持一致性，关键在于班主任或其他教师与家长的沟通，形成学校与家庭的教育工作统一战线。只有这样，才能密切学校与家庭的联系，最大限度地激发学生的学习兴趣，挖掘他们的学习潜能，以取得最佳的教育效果。在前面的教育案例中，班主任发现林宇在英语课堂上的不良表现后，及时向他的家长汇报，让家长了解自己的孩子在学校的情况，达到课内与课外共同教育的目的。在第一学期结束后，班主任在家庭报告书上，特别表扬了林宇对英语学习兴趣的增强，赢得了家长的尊敬和赞赏。更为重要的是，此举引起了林宇家长对自己孩子的教育的高度重视，家长亲自陪林宇来学校与班主任交流。这一切对林宇消除偏科的烦恼起了极其重要的作用。

（四）教育中应注意的问题

1．班主任要注意与任课教师沟通

班主任要细心观察学生，常常和学生谈心交流，及时发现问题，了解学生对任课教师的要求和意见，加强同各任课老师的联系，把学生的情况和反映的问题汇报给各任课老师，协调好学生与各任课老师的关系，协助各任课老师做出相应的调整和改进，使老师和学生一同进步。

2．对偏科学生有耐心和恒心

作为教师，耐心和恒心是最基本的品质。对偏科的学生更应该保持耐心和恒心。他们有些科目的基础肯定比不偏科的学生差，接受能力和理解能力一般没被很好地开发出来，在这种情况下，我们就要有更多的耐心来对待他们，给他们提升的机会。

第五节　经常不交作业

作业对学生而言是非常重要的，做作业是对所学知识的运用与巩固。学生经常不完成作业是一个令教师与家长头疼的问题。这是一个学习习惯问题。经常不完成作业这一习惯的形成原因是多种多样的，教师应该怎样看待这个问题呢？不写作业都是学生的错吗？如何培养学生写作业的兴趣和习惯？这些都是每一位教师所关切的问题。

一、教育案例

"懒散"的陈程

开学一段时间后，陈程这个学生让我十分困扰：他从来没交过数学作业，并且每一次敷衍都找不同的理由。不仅如此，在我的课堂上，他不是悄悄地看课外书，就是目光呆滞地望着黑板。我和他几次谈话全然不见效果。我认真思考：到底是什么原因能让他如此与班主任"对抗"呢？是他懒惰，作业太多，不会做，不想做，还是有其他原因呢？我暗下决心，一定要找出问题的根源，对症下药。于是，我展开深入的调查，向他以前的班主任和数学老师了解情况。几乎每个老师都说，陈程几乎没交过数学作业。同时，我也向其他学生了解数学作业的题量和难度，同学们都认为是合理的，绝大多数学生都能顺利完成。

一天下午，我正在办公室里批改作业。突然，数学课代表抱着作业，眼圈红红的，走到我面前。显然，她刚刚哭过了。她说："老师，昨天的作业，陈程又没交。我劝他好多次了，他还说我多管闲事。我以后再也不收他的作业了！"我和蔼地说："你劝他交作业是尽了一位课代表的职责，他不交作业是他的错误。你还是要收他的作业。"她若有所思地点了点头。我接着说："你让他来找我，好吧？"

过了许久，陈程才慢腾腾地踱进办公室，站在我面前，显得极其不耐烦。我示意他坐下，并且把课本、作业本放在办公桌上，微笑着说："陈程，你现在开始做这次的作业，老师陪着你，有任何不明白之处尽管问，我会给你帮助的。"他一脸无奈，只好按照我的要求开始做作业。时间一秒一秒地过去，临近放学时他完成的作业还不到三分之一。放学铃声一响，他立刻跳起来："老师，放学了，我回去再做吧！""不行！"我斩钉截铁地说，并走到他旁边，拿起作业本仔细检查他已经完成的作业，耐心分析他做错的题，一步一步地引导他将作业完成。

此时，天色已经很晚了。他由最初的不耐烦变成了羞愧，不好意思地说："老师，我没想到您这么认真负责，下次我会尽力完成作业的！"我拍着他的肩膀说："帮助你是老师的责任，但作为学生，交作业是你的责任。无论是老师还是课代表劝你交作业都是履行自己的职责，也是为你负责任。你明白吗？"他诚恳地点了点头。随着我们谈话内容越来越广泛，陈程渐渐放下戒心，主动讲话了。无意中聊到了古代名人，我向他介绍说："其实，成功并不可能是一帆风顺的，司马迁完成《史记》用了13年的时间。曹雪芹的《红楼梦》'字字看来皆是血，十年辛苦不寻常'。比起他们，我们现在每个人的这些努力真的不算什么。如果没有付出任何努力，那就更别说什么收获了。"

听完我的话，陈程若有所思，在一阵短暂的沉默之后说起了他自己。他告诉我，从小他父母忙于工作，从不过问他的学习情况，更不会监督他去完成作业。由于小时候的懒散，加上无人约束与管教，长此以往他养成了不做作业的不良习惯，这样的习惯让他的知识基础十分薄弱，进而学习成绩不尽如人意。以前的数学老师对他的误解与批评导致了他们之间的师生关系非常紧张。从此以后，他再也没有心思学数学了，这也使他的数学基础特别差。在数学课上，他根本听不懂，现在没法赶上了。他无奈地摇了摇头，叹了口气说："老师，我现在对数学一点兴趣也没有，已经放弃了。我也知道这不好，但我不知道该怎么做。"我从陈程懊恼的表情

第四章 案例解析问题学生的学习问题

中知道了,他现在需要的就是外力帮助。

"冰冻三尺,非一日之寒。"陈程不交作业这个习惯由来已久。若想让他在一朝一夕内改掉,几乎是不可能的。如果现在逼迫他一定要交作业,也只会适得其反。对一个从小缺少父母关爱的学生,我首先应该真诚地与他交流与沟通,然后在生活上努力去关心和爱护他,让他从心里信任我。只有这样,他才能敞开心扉接受我的建议并付诸实践。从那以后,我对陈程的关注多了。在课余时间我总是找机会与他谈话,经常询问他的学习和生活情况,从而观察他在思想与学习上的动态,以便寻找最佳的教育时机。在他16岁生日的那一天,我把他叫到我的办公室,将我精心准备好的生日贺卡送给他,微笑着说:"陈程,祝你生日快乐!你长大了一岁,应该肩负更多的责任,懂得更多。你说是不是呢?"他双手接过贺卡,有些不好意思,但还是真诚地说了声:"谢谢老师!"他打开贺卡,看到了我写在贺卡上的话:"好好努力,老师相信你会成功的。"之后,他若有所思地说:"老师,我知道您对我的苦心了,我会尽我的全力去做的!"此时我知道,我与他的距离拉近了。陈程和我一样非常喜欢打篮球,因此,平时我利用课余时间与他打篮球,在打篮球过程中不断与他沟通交流,赢得了他的信任与尊重,我们逐渐由师生关系变成了相互信任的朋友。

兴趣是最好的老师。我时常组织班级学生举行一系列的趣味数学知识竞赛,并让陈程参与组织这项活动。作为组织者之一,他不得不认真对待,无形中让自己亲身体会到数学的趣味性,增强了学习的兴趣。同时,我也努力丰富作业形式:有时让学生们自己出题目互相交换着让大家来完成;有时联系实践,让他们做一些小实验;有时让大家对生活中的某种现象做研究并做出自己的结论……通过灵活多样的作业形式和学习方式,不仅陈程,其他学生也都增长并巩固了知识，增加了做作业的兴趣。

此后，只要陈程为班集体做了好事，我都会毫不吝惜地表扬他，而且我想尽方法让他思维敏捷、想法独特的优点都表现出来，让同学们认可他的能力。同时，我还经常鼓励他，肯定他的学习能力，并让他明白，完成作业是巩固和提升自己学习能力的方式之一。因为我知道陈程之所以学习不好，是源于他对自己没有信心，为他树立信心是基础。如此一来，陈程完成作业的积极性就大大提高了。

每天早上组织学生早读时，我都会特地检查陈程的作业。而他似乎也很配合，每次我走到他身边，他总是自觉地将作业摆放在桌子上。可是有一回，他却半天也没找着作业。他支支吾吾地说："老师，我忘带作业了！"我一听，心想是不是老毛病又犯了呢？刚想批评他，可是又一想，我应该给他信任，于是我和颜悦色地说："没关系，你放学后回去，把作业拿来给我检查！"结果放学后他飞奔着把作业拿来了。看着满脸通红的他，我笑着说："老师发现你学会对自己负责任了。我很高兴！"他有些得意地说："那当然了。因为您相信我，所以我就要努力啊！"听了这句话，我有些庆幸和欣慰，庆幸的是我的信任换来了他的信任，欣慰的是我的努力换来了他的进步。同时我多次在电话中加强与陈程家长的沟通，让家长也要协助我加强对陈程的监督。

功夫不负有心人，经过数月的努力，陈程不再是远近闻名的不交数学作业大王，而是上课认真听讲、课后积极完成作业的好学生了，我感到很欣慰。

二、案例评点

（一）经常不交作业的问题与危害

这个教育案例反映的是中学生不交作业的问题。学生如果经常不写作业，那么课堂学习的内容是得不到练习与巩固的，学习成绩可能就会下滑。学生要完成作业，也是《中小学生守则》的要求，每名学生都要遵守。如果一个学生经常不完成作业，他在同学中会造成不好的影响。学生不写作业也会受到老师的批评或惩罚，长此以往容易失去自尊和自信。案例中，陈程出现讨厌学习数学的情况，同时又缺少老师的正确引导与父母的监督，所以形成了不做数学作业的不良习惯。这种问题如果没有正确处理好，他很有可能将丧失学习的兴趣和信心，无法提高成绩，慢慢无心上学，他的人生就荒废了。

（二）经常不交作业的具体成因

1. 学生自身的懒惰情绪

许多学生过于懒惰，缺乏上进心，对老师布置的作业和任务满不在乎。这些懒惰、缺乏上进心的情况，可能是学生自身的散漫性格，也很可能是家庭不良的教育所致。陈程本身不是个散漫的人，但由于家长没有对其进行积极的教育，他在学习上便养成了懒惰的习惯，没有心思完成作业。

2. 缺乏兴趣与信心

兴趣对学生的成功至关重要。缺乏兴趣最容易失去信心，很难获得成功。在上面的教育案例中，陈程从小数学基础不太好，学习数学兴趣不浓，失去学习数学的信心，这也是他不交作业的不良习惯形成的原因之一。

3. 缺乏监督

当前社会工作节奏快，许多父母忙于工作，缺少对孩子学业或生活的监督和帮助。在上面的教育案例中，陈程父母忙于工作，缺少对他的监督和帮助，容易使他养成不交作业的不良习惯。

（三）对经常不交作业的学生的教育策略

1. 用爱心感化

关心学生、理解学生、尊重学生都是教师充满爱心的表现。学生特别是中学生对教师的爱心格外看重，因为他们正处于人生的重要阶段，虽独立意识慢慢增强，情感日益丰富，但其余各方面还不成熟，思想起伏大，心理承受力差，还不能很好地把握自己。但是，他们希望老师能给予关心、理解和尊重。教师在教育过程中，对成绩好的、有特长的学生，比较容易做到百问不厌，百教不烦，但对问题学生，有些教师却未必能做到与其他学生一视同仁。其实，问题学生更需要循循善诱，更需要教师的耐心教育、诚挚帮助。他们渴望教师帮他们摆脱困境，展露才华，也希望体验到同其他同学一样的自尊感，希望教师能指引他们愉快地告别过去，满怀信心地走向未来。当教师能很好地帮助问题学生时，学生的自尊心便会得到满足，他们会爱自己的老师，热爱学习，改变自己的不良习惯。对陈程不交作业的不良习惯，班主任找来陈程后并不是严厉指责他，而是让他在对面的办公椅上坐下，耐心地指导他做作业。在课余时间班主任总是找机会与他谈话，经常询问他的学习和生活情况。在陈程16岁生日的那一天，班主任精心准备好生日贺卡送给他。同时，班主任利用课余时间与他一起打篮球，在打篮球过程中和他沟通与交流，赢得了他的信任与尊重，师生成为知心的好朋友。班主任所做的一切，都是在用爱心去感化陈程。

2. 激励学生的兴趣

兴趣是一种学习动机，是学习积极性中最现实、最活跃的心理成分。当一个学生对某一学科发生兴趣时，他总是信心十足地去学习，积极主动地获取知识；否则，学生就会感到学习是一种负担。因此，兴趣是最好的老师，一个人只有对某一事物感兴趣时，才能更好地努力了解与认识它，才会建立起信心。陈程因为长期对数学排斥而无心学数学，最终导致失去学习数学的兴趣，这时班主任通过引导陈程组织班级学生举行一系列的趣味数学知识竞赛，无形中让他从实践中体会到数学的趣味性，从而增强了他学习的兴趣。

3．加强家校双方监督

学习是一项艰苦而又复杂的劳动。学生的任务是好好学习，谁也不能代劳。为了培养学生独立自主的精神和正确的学习观，充分发挥他们的主观能动性，针对当前学生自觉性差、依赖性强的特点，教师应与家长共商对策，请家长在优化孩子的学习动机、培养孩子的自学能力上下功夫，不陪读、不代劳，但要加强对孩子的监督。在上面的案例中，班主任每天利用早读课时间检查陈程的作业情况，同时，多次在电话中加强与陈程家长的沟通，让家长协助班主任加强对陈程的监督。

（四）教育中应注意的问题

1．注意循序渐进

教师在解决学生经常不做作业的问题时应一步一个脚印，循序渐进，切不可操之过急。对于成绩不好的学生，更应该慢慢来。他们大多数都存在没有学习兴趣、懒惰、自信心不强等问题，所以我们就要从各个方面来解决，按步骤、有计划地进行有效的指导调教。如果急于求成，对学生要求过高，不仅难以达到预期效果，反而容易使学生厌烦，产生抵触情绪。

2．重视家庭教育资源

班主任应该加强与家长的联系，共同教育学生，达到教育的最好效果。除了封闭式学校外,家是学生们待的时间最多的地方。和学校教育比起来,家庭教育是终身的教育。所以,我们要利用好家庭教育的资源,和家长们进行更多的沟通:聊天,交流经验,共同参与活动。从和家长的沟通中,我们可以了解学生更多的缺点和优点,在其成长过程中能更好地融入他们,帮助他们,指导他们。这对学生的进步是很关键的。

第五章

案例解析问题学生的心理问题

第一节 代 沟

代沟是指两代（上代与下代）人之间在人生观、世界观、价值观以及思想方法和行为等方面的差异。在学生进入青春期后，父母与孩子之间的代沟表现得较为突出。代沟具有两面性，既能使父母与子女之间的矛盾日益突出，影响到两代人之间正常的感情沟通，又能促进父母与子女之间的良性互动。随着孩子年龄的增长，父母对孩子的影响呈降低趋势，孩子迫于父母压力，往往是表面上与父母保持一致，而在心灵深处却保持着自己的个性，即在心灵深处拥有"真实的自我"，这就是亲子间的貌合神离现象。如果代沟问题不能得到很好的解决，两代人之间的误会将越来越深，不仅影响上一代，而且也影响下一代的健康成长。

一、教育案例

我与妈妈和好了

我刚到教室上晚自习，班长玮儿说："老师，我有事和您说。"我们俩到阳台上，她一把抓住我的手，哭着说："老师，我要请假。"我轻声道："怎么了，你请假做什么啊？""我要回家。"我再问："回家？为什么回家？"她还是哭着说："我要回去叫她说清楚。"一边说，一边还跺着脚。"叫谁说清楚？""我妈。""发生了什么事？"我问。玮儿还是很激动地说："老师，我不管，我要回去问清楚，她为什么这样对我？"

我意识到她与妈妈之间可能发生了一些误会。我对她说："要请假，你得说你有什么事啊。能给的假我会给你准假。说说看！不过，先不要哭，慢慢说，好吗？"在和玮儿的谈话中，我明白玮儿的心灵受伤了。原来不久前，她妈妈发现玮儿的电话费很多，问女儿怎么回事，她回答："借给同学打了。"但妈妈不相信女儿，于是去查她的电话，怀疑玮儿在学校是不是有男朋友了。玮儿知道妈妈这么做后非常生气，一时激动，于是出现了开始的一幕。在我的再三安慰与说服下，玮儿答应先不请假，回到教室继续学习。晚上约十点半，玮儿的妈妈打电话给我，向我说起她与玮儿的事。从她的话中，我知道她心里是后悔的，但又希望我能安慰玮儿，还希望我能够改变玮儿的态度，对父母孝顺一点。其实，她说"孝顺"的意思就是"听话"。我告诉她我已做了初步的处理。在接下来的时间里，我会尽力的。

过了几天，我发现玮儿的情绪好转了。于是，我找玮儿深谈了一次。她对我说了很多关于她妈妈的事情。她认为她妈妈太不讲道理，不适合当教师，简直影响教师的形象。我问玮儿："你回家和你妈妈说什么了？"玮儿说她回家根本没理妈妈，一句话也不想说。我说："那你妈妈和你说什么了？"玮儿说："妈妈说什么，我都不理她。要是一说话，我们就要吵架，所以我不说话。"我笑笑说："不理妈妈，那你心里是什么感觉呢？"出乎我意料的是，玮儿听我这么一问，竟笑起来，对我说："老师，不和我妈妈说话，我心里非常舒服。"我再笑着问她："你知道你妈妈心里的感受吗？"玮儿还是笑笑，不过声音小了一些："我不知道。"我觉得玮儿很任性也很单纯，她的情绪稳定、愉快，我心里就高兴了一半，因为她不会因情绪激动而做出不好的事情了。

但是，作为女儿，她却不能继续这么做。不过，要使玮儿与妈妈"和好"是需要时间的。于是我决定进一步了解玮儿的家庭情况和玮儿的成长过程。我打电话给玮儿的妈妈，详细了解玮儿的成长情况和她的家庭概况。这一次电话，使我对玮儿这个学生有了更深的理解。

　　玮儿的爸爸在外地工作，很少在家，父女间的沟通很少，而且爸爸对玮儿的期望很高，要求甚严，动不动就严厉批评。她的妈妈是幼儿园老师，很关心玮儿，每当玮儿回家的时候，就询问当天学习情况，向她提出这样那样的要求。在周末，玮儿的妈妈还准备好菜、好饭让玮儿吃，但玮儿往往不领情，不想吃。用玮儿的话来说，妈妈很多话就是发号施令，必须这么做，必须那么做，从不平等地和自己说说话，自己有心里话不知向谁说，只要妈妈一说话，母女俩就会"吵架"。还有，玮儿的成绩不好，在班上算中等，玮儿没有实现父母的期望。可想而知，玮儿在家的心理压力有多么大。玮儿的妈妈还讲了一件事：玮儿在初中时，班主任准备让她当一个干部，但不知什么原因没成功，玮儿一直耿耿于怀。玮儿的妈妈一直怀疑玮儿的能力，曾打电话给我说玮儿这也不行，那也不行，从没发现玮儿有什么优点。这位母亲对女儿一直打压，不赏识，不信任，怀疑女儿的能力，怀疑女儿有男朋友，于是去查电话。被女儿知道后，母女间的对立情绪可想而知。玮儿心里很委屈，所以向我诉说，还要回家问个清楚。因为与父母貌合神离，所以玮儿平时很少主动与父母交流，特别是不愿意与妈妈沟通。

　　我了解了这些情况后，明白了她们母女之间的关系。女儿长大了，有自己的思想和选择，与父母出现矛盾后产生逆反心理也是正常的。在家里，玮儿很少得到父母的赞赏，在初中没有受到老师的重用，便一直在寻找机会想要实现内心的成就欲。玮儿心里明白，只有学习成绩提高了或能一展才华，才能引起父母的重视，并得到老师的赏识。

　　玮儿担任班长是她自己努力竞选的结果。那是在开学后第二周，我准备让学生们竞选班长和团支书，然后成立班委和团支部。根据我的经验，参与竞选的同学往往是那些大胆或表现突出的同学。竞选前，因为我担心参与竞选的同学太少，所以我私下找了几个表现大胆、突出、能力较强、在军训中已建立起威信的同学做动员。但竞选结果却出乎我的意料。"竞选大会"开始了，让我感到十分欣慰的是，几个意料中的同学相继上台演讲。我以为除了他们几个，不会再有其他同学上讲台参加竞选了。但意料之外的事发生了：在班级中始终沉默、不活跃的玮儿走上讲台，发表了她的参选意愿。她的演讲并不高明，从演讲中也看不出她的能力，她能当选吗？但能走上讲台，这种参与精神是令人高兴且值得肯定的。我们当场投票、计票，全班同学拭目以待，都在期盼他们心中的结果。一名男生当选为团支书，也是我的愿望，他当选完全是情理之中的事。之后，让大家意想不到的是，当选为班长的不是别人，恰恰是玮儿，她不是我预料中的人选，我有些纳闷，她行吗？我要相信她吗？这可是一个班的大事啊。如果用错了人，以后怎么治班呀？但是，竞选就是竞选，是无情可讲的。我选择了相信全班同学，让玮儿当班长。我让团支书和班长玮儿共商"组阁"，提出其他委员人选。第二天晚上我们开会，他们分别提出了自己心中的人选，大部分都比较合适。就这样，玮儿正式当上班长，开始了她的班长之路。

玮儿当上班长的那一个周末，她一回家就把当班长的消息告诉了妈妈。妈妈却一开口就问："你行不行啊？"玮儿对妈妈说："我一定要当好班长。"玮儿是这么说的，也是这么做的。她很尽力，很大胆地管理班上的纪律。卫生不好的时候，她能与劳动委员商量，提出新的方法。她带着班委干部和团支部通力合作，分工明确，班上出现了"健康活泼、团结向上"的班风和"积极进取、刻苦拼搏"的学风。在学校各项比赛中，我们班赢得了多项奖励，以优异的成绩在同年级中名列前茅，月考、期中考、期末考成绩排名均在同年级前列。事实证明，玮儿一直在努力，发挥着她的作用，每位任课老师也非常认同她。

玮儿为什么要参加竞选？我想，她是要证明"我能行"，让父母对她另眼相看，得到赏识，满足多年来的愿望。她当班长以后的一切努力，都是在向父母证明"我能行"，想缩小她与父母的代沟。

每周日晚自习，当玮儿回到学校的时候，我就找玮儿谈话，问一问她一周的生活，回家做了什么，与妈妈是如何相处的。除了了解她的心理状态，我也不失时机地向玮儿讲一些如何与父母相处的道理，从为人子女的角度讲，从成年人的角度考虑，想让她反省自己的态度，从而调整与父母相处的方式。我想，态度的转变是最重要的，因为态度决定一切。但态度的转变是需要时间的，如果不是自愿的，强迫也不会收到良好效果。我打电话给玮儿的妈妈，和她交流与女儿相处的方式和关注的话题，我们达成一些共识：少关注学习，多关注女儿的生活和心里的想法；不建议，多倾听；不批评，多赏识和鼓励。

我们班在体育艺术节中取得了优异的成绩，我找玮儿聊天，感谢她和全体同学的努力，能取得优异成绩离不开班长的努力工作，我认为应该把这些成绩告诉她的妈妈，让她的妈妈也分享我们的喜悦。玮儿和我在运动场合影留念，回家后给妈妈看，同时还给妈妈讲体育艺术节的成绩。回到学校，玮儿高兴地对我说："老师，我与妈妈和好了，回家跟妈妈说了我们的成绩。"我高兴地问："你妈妈是什么心情呢？"玮儿说："她也高兴，说我还行，还叫我好好感谢老师。"我想这是一次成功的母女交流，和以前比有了截然不同的变化。玮儿对父母的态度显然发生了明显的转变,她的妈妈也慢慢懂得赏识女儿,学会接受女儿了。我最后一次打电话给玮儿的妈妈是在寒假,向她了解玮儿寒假在家的表现。玮儿的妈妈非常感动地说玮儿在家不仅不和她吵架,还主动讲学校里的事给她听,主动分担家务,还去参加寒假学习班。她非常感谢我,说她现在才懂得和女儿平等地交流,发现自己的女儿原来是非常优秀的。母女之间良性的互动使她们母女俩的关系和谐起来,用玮儿的话说便是:"老师,我与妈妈和好了。"

玮儿的能力是她与父母关注的交汇点,一旦玮儿的能力得以展现和提高,成绩能够上升,那么两代人在心理上的认同就开始形成,代沟则逐渐得到弥合。

玮儿当班长很成功,母女关系和谐了很多,心情高兴了,学习成绩也有了很大的进步。代沟问题解决了,不仅能帮助学生摆脱心理上的困扰,而且能帮助学生提高学业成绩。

二、案例评点

(一)代沟的问题与危害

这则教育案例反映的是典型的亲子之间的代沟问题。一般来说,代沟表现在对交友、业余爱好、零用钱消费、穿衣打扮、隐私等诸多方面的分歧:学生往往认为父母不了解自己,不关心自己;有事不愿与家长谈,甚至用不满、顶撞、反抗等方式来表现自己的独立性,试图用各种方式摆脱家长的监护。学生往往坚持以自己的方式行事,坚持自己的理解和判断是非的标准,并极力排斥家长的影响。玮儿深陷由代沟而形成的困惑之中,心理上受到了一定的伤害。母女之间的隔膜越来越严重,影响到母女两人正常的感情沟通,甚至达到无法相互交流的地步。如果不加以改善,两代人之间便会形成一堵无形的墙,误会更容易产生。案例中的玮儿一直不被父母赏识,自信心不强,学习成绩不理想,没有成就感,心情变得糟糕,对身心健康都产生着不利的影响。玮儿的妈妈不能平等地与女儿交流,总是对她发号施令,令她产生了较为严重的逆反心理。如果继续这样下去,代沟会越来越深,必将导致家庭成员间——特别是母女间——的关系出现严重裂痕。玮儿也许会出现不良性格、偏激思想和行为偏差,社会不良影响也容易乘虚而入,势必对玮儿的心理健康、学业和前途产生消极的影响。

（二）代沟的具体成因

代沟问题产生的原因很多,一般来说,有下面几个方面的原因:

1. 两代人缺乏沟通

沟通是人与人之间和谐相处最重要的方式。两代人要和谐相处,需要有效的沟通。代沟的产生,说明很多家庭都存在着沟通困难,沟通困难又进一步加快代沟的严重化。玮儿的父母在沟通方面缺乏最基本的技巧,没有很好地理解玮儿处于青春期的心理特点,不能及时调整自己对玮儿的教育方式。父亲由于工作繁忙,很少倾听孩子的心声,缺乏主动与孩子沟通的意识,更缺乏沟通的技巧。玮儿与妈妈虽生活在一起,但妈妈同样忽视玮儿的心理发展规律,以"高姿态"与玮儿相处。所以,玮儿与众多的中学生一样,更倾向于向同龄伙伴倾诉,和妈妈一说话就容易"吵架"。

2. 学生独立意识增强

中学生正处于青春期,生理上发生急剧变化,成人感和自我意识逐渐增强,独立意识也更为明显。人类的青春期是成才起步的黄金时期,也是最容易误入歧途的紧要关口。教育学、心理学和社会学都把青春期称为孩子生理发育的"高峰期",心理变化的"断乳期",人格成长的"关键期",学习能力的"分化期",

家庭教育的"困难期"。中学生的自我意识迅速发展，独立意识越来越强，有一种强烈追求自主的愿望，对新鲜事物和新的道德观念与生活方式接受很快。他们总认为自己长大了，有能力独立地思考和处理一些事情。这是造成玮儿与父母之间代沟的内因。

3．双方缺乏"和而不同"的意识

弥合代沟并非简单的一方认知错误即可，需要的是双方都能从对方的认识中寻找合理的因素，达到一定程度的融合。双方总是认为在认识上要达到一致的程度，就是要强迫对方接受自己的理解和要求，否定两代人的多元性，否定对方的合理性，这样其实缺乏尊重意识和"和而不同"的意识。例如，玮儿决心竞选班长和妈妈对玮儿当班长的担心都有其合理的因素，问题出在双方没有去寻找对方认知的合理性，因此产生分歧与冲突。

（三）对受影响学生的教育策略

代沟在亲子之间出现时，帮助家长和学生弥合代沟的基本策略主要有两个方面：

1．采取多种方式与学生沟通

代沟问题在中学生进入青春期后表现比较突出。如前面所说，中学生独立意识增强，而且"自我中心"意识强，与父母之间常常出现矛盾和冲突。中学生往往只顾自己的理解和行为意愿，父母也容易从自己的经验出发去要求孩子。在前面的案例中，玮儿自尊心很强，有明显的"自我中心"倾向，妈妈的要求与玮儿的实际能力不一致，母女间沟通不畅，加剧了母女矛盾。而玮儿的爸爸呢？长期不在孩子身边，更不了解孩子的内心变化，只提要求，或者批评，没有赏识，造成孩子的无助感。玮儿不能与父母和谐相处，内心苦恼向谁诉？班主任关心和理解玮儿，所以玮儿向班主任敞开了心扉，向班主任讲述了自己的苦闷，一番哭泣，一番倾诉，让玮儿内心压力得到了释放。这源于玮儿对班主任的信任，源于班主任对代沟的正确认识。

2．学会应用"时间差"和"心理差"

要消解代沟，时间是一种好的方法。所以，作为教师，要学会利用"时间差"来帮助家长和学生面对代沟问题。一般来说，任何问题都可能随着时间的推移而变化。代沟主要是两代人之间在观念上的差异和生活方式上的不同，观念和生活方式随着时间也在变化。方法总比困难多，随着时间推移，新的方法也在头脑中浮出水面。

要消解代沟，"心理差"可以起到一定的作用。教育者、学生、家长三方在心理上对同一问题的理解是有差异的，三方的差异在教育者的协调下可以缩小，甚至接受差异的背后还有和谐的一面。心理差是解决问题的内在动力，教育者要起关键的协调作用。可以看出，案例中的班主任，多次与玮儿聊天，也多次与玮儿的妈妈通过电话沟通，这些看似普通的教育行为，其实是班主任在利用心理差去帮助玮儿学会认识父母的行为与想法，也在帮助玮儿的父母学会理解和接受孩子的变化，学会与孩子心平气和地沟通，更让玮儿妈妈学会了信任和赏识孩子。

3．引导学生提高学习成绩和发展能力

学生学习成绩好坏和能力高低是父母关注的焦点。学习成绩提高和能力得到发展往往可以起到缓解代沟矛盾的作用。很多家长不能接受孩子在交友、业余爱好、课外读物、零用钱消费、穿衣打扮、隐私等方面与自己的分歧，就是因为孩子学习成绩不好和能力没有得到提高。案例中，班主任经常打电话向玮儿妈妈表扬玮儿，后来体育艺术节班级取得好成绩，玮儿的学习成绩一次比一次高且趋于稳定，让玮儿妈妈对玮儿刮目相看。从此，玮儿妈妈学会赏识和尊重玮儿，能够理解自己的女儿，平等地与女儿交流。所以，教师要引导学生提高学习成绩和发展能力，为学生和家长之间创造一个共同的沟通平台，为代沟的消解提供一个契机。

4．家校沟通，形成教育合力

教育是一项系统工程，需要家庭、学校、社会诸方面的共同努力，形成和谐的教育氛围和强大的教育力量。教师要有效地解决代沟问题，需要与家长经常沟通，彼此交换意见，既探讨对教育的理解，又讨论对孩子的教育方法。通过交流，教师可以更多地了解学生的成长背景和经历，家长可以更全面地认识自己的孩子，家长还能够更多地接触到教育理论，从而调整对孩子的教育态度和方法，与学校形成一种教育合力。

（四）教育中应注意的问题

在帮助家长和孩子弥合代沟时，教师要注意几个问题，而且也要引导家长注意这些问题：

1．学会与孩子平等交流

有人说，人天生有一张嘴，两个耳朵，就是要让我们学会多听少说。的确，良好的人际关系是基于我们能听、会听。对孩子的讲话，要多倾听。父母与孩子的关系也是这样，父母与孩子之间只有建立起良好的关系，才能更有效地解决代沟问题，弥合代沟造成的裂痕，为彼此的交流建立良性的循环。

2．互相学习，取长补短

现代教育主张家长向孩子学习，也主张与孩子一起学习，既促进孩子的成长，又促进自我的提高和充实，而且双方会增强信任和理解。在互相学习和取长补短的良性互动过程中，家长与孩子之间也会建立一个平等交流与沟通的时空平台，代沟问题将得到解决。

3. 多参与孩子的活动

引导和鼓励孩子多参与一些活动和投入学习，可以转移注意力，寻找到两代人的共同兴趣点。

第二节 孤 独

中学生处于青春期，独立意识增强，开始用自己的目光来审视周围的世界。他们把满腹的心事隐藏起来，不愿把自己的忧愁向别人倾诉，也不与他人分享自己的喜悦。很多家长不解、不安，甚至担忧：原本活泼开朗的子女怎么一上初中就像变了个人似的？原来身边吵个不停的小麻雀怎么一转眼竟不说话了？老师也想不通：为什么小学时一个个课堂上发言踊跃的孩子到了中学完全变了样？到底是什么因素导致了这些变化？

一、教育案例

"独行侠"斌斌

新学期开学一周后，斌斌便与我玩起了"猫鼠游戏"。我只要一离开教室，他便玩"失踪"。更让我难受的是，我每次找他面对面谈话，总是我一个劲儿地说，而他就是一位观众，而且这位观众对剧情和表演毫无兴趣。不仅是对我，就连班上其他同学，他也从不交流，每天几乎是独来独往，有时甚至一整天不吭声。作为一名转学过来读初一的学生，他的心中到底有着怎样的想法？他不仅不向别人敞开心扉，而且一直在以自己的方式对抗着周围的一切。

后来，在一次学校针对管制刀具的突击检查中，从斌斌的书包里发现了几样管制刀具。而且就在这一天，斌斌的行为有所"升级",他开始了对校规校纪的"挑战"。之后他总是在上课铃响过很久后才会慢慢地出现在教室门口,理由始终只有一个——起晚了。然后就一脸不以为然的样子斜靠在墙边,摆出一副"你能耐我何"的姿态。每当这时,我总强压住心中的怒火,告诉他要早起,要重视学习,不要这般放纵自己,这是对自己不负责的表现。但从他的眼神里,我看出的只有不屑一顾。

在班上,他也更为孤独了,没有人愿意理他。班上的座位是随时调换的。为了保证公平,我让大家每单周左右换,双周前后换,这样既可以对学生的视力进行有效的调节,避免长期坐在一个位置上对视力造成不良影响,又可以增进同学之间的交流和相处。意料之中的是,几乎没人愿意跟他同桌。班上同学告诉我,跟他坐在一块根本无法学习,因为他爱搞一些小动作来影响别人。此后,他干脆把自己的座位搬到教室最后的一个角落去,一个人远离全班同学,也远离了老师的视野。他是每天最后一个来,最早一个离开的人。有时上课被任课老师提问,他也只是不情愿地站起来,却是"徐庶进曹营——一言不发"。任课老师无奈,只得让他坐下。我尝试着找他谈话沟通,总是无功而返。我深知在斌斌身上出现的这种孤独与抑郁,在中学生群体中并不少见。它就像愁风冷雨一般点缀着处在青春期的青少年学生多彩的生活时空。帮助他们走出这个多雨的季节,是每一位教师的使命和责任。

鉴于斌斌的冷漠与敏感,我一直在寻找时机和解决问题的策略。

就在此后不久,学校举行一年一度的运动会,其中一个项目是班级课间操比赛,要求全员参加,少一人都要扣除相应的分值。我在班上早就提出了全员参加的要求,班上其他同学应该不成问题,但斌斌就难说了,因为就连大家都喜欢的联欢晚会他也不愿参与,何况是这个?为了保险起见,我在比赛头一天亲自与斌斌谈话，希望他能参与，否则，我们班就要被扣分，也会为此输掉比赛。没想到，第二天，斌斌很准时地出现在操场上。我很高兴，走过去拍拍他的肩膀，他也似乎挺开心的，脸上露出久违的笑容，一扫以前的忧郁，人也精神了许多。

比赛结束后，我们班获得全校第一名。在庆祝的班会上，我特意表扬了斌斌，并着重强调他在这次比赛中的优异表现，同学们也对他报以热烈的掌声。我也第一次看到了斌斌那一直高昂着的头慢慢垂了下来。这应是一个契机！于是，我向斌斌发出了邀请，并专门挑了一个冬日的午后。我还选择学校后面的草坪作为谈话的场所。

难得一见的暖阳微洒，我先是盛赞他在这次比赛中的不俗表现，斌斌笑了笑。然后我告诉他，其实我一直担心他不会来参加这次课间操比赛，直到看到他站在队列里，我才真正放下心来。他沉默了一阵，然后才告诉我，其实一开始他也没兴趣参加这个比赛。因为自从上初中后，班上所有活动他都从未参加过，过去的班主任也从来不要求他参加。没有他，活动还不一样进行？所以，他认为自己其实一直都不过是可有可无的人。他还说，其实不只是他，班上同学也没有人认为他会参加这种比赛。他还认为，在别人的眼中，他是一个有心理问题的人，就连他的妈妈也是这样认为的。"其实，我以前不是这样的……"他脸一下又布满忧郁。

我静静地看着他，他把脸扭向远山。

"谁说你心理有问题了？别往自己身上贴标签！"我告诉他，"我们从来都没把你当成可有可无的人。如果可以，我愿意帮助你。"但他什么也不愿说了。之前，斌斌的妈妈告诉我，在转入这所学校之前，她曾请了一位心理咨询师和他谈过，但在与心理咨询师单独相处的几小时里，他几乎什么也不说。我知道他正在陷入过去的痛苦回忆中，看来他的心结还没有打开。

破冰仍未成功。如何才能知道他内心世界是怎样的呢？我有些困惑。

后来，在一次与任课老师的教学反馈会上，美术老师告诉我，斌斌挺爱画画的。我心中一动，请她帮我布置一次美术作业，让学生画一棵树，并请她把各方面要求交代清楚。我想通过"树木人格投影法"分析斌斌的人格组成。

斌斌的画看起来很不协调，树枝和树干之间的比例存在着明显的不适当。看来，他内心始终无法忘却那段灰色的经历，他的孤独与抑郁也是由此引发的。

我请他给我讲讲他为什么这样画，他犹豫了一会儿同意了。从他绘画的意图中，我明显地感受到他内心中的暴力倾向、强烈的攻击性、对现状的不满。而另一方面说，他又性格内向、优柔寡断。"我想报复那些勒索过我的人，我恨他们！"他不断地重复着这句话，"我谁也不想理，没有一个人会对我好，我爸妈都这样，何况别人？"我告诉他，如果这样做，只会让事情更加糟糕。并不是每个人都是坏人。勒索他的只是少数几个人，其他人对他都是真心的，不可以因为这几个人就不相信所有的人。至于父母的事，不是他自己所能解决的，希望他能先放下这一切，做好自己的事。如果可以，希望他能换一种思路和角度来看待生活中的问题，我想帮助他，希望他能配合。他同意了。

我清楚，如果想打开他的心结，光靠改变认知是无法奏效的，所以接下来的时间里，我利用一切机会，组织了各种各样的活动，有个人的，也有团体的。而每次活动，斌斌都会成为我重点关注的对象。开始时，他总是怀着一种抵触心理，不愿参加。但在我的要求之下，他终于慢慢地融入群体活动中。有时，在分组时，我有意识地让他当小组长。活动完毕,我要求他代表本组成员谈谈自己的感受和体验。此外,我还在班上找了一个男同学每天和他在一起学习和玩耍,让他慢慢感受到来自班级和同学的关心,使他内心的坚冰一点一点地融化。一个学期很快就过去了,随着各种活动的不断开展,斌斌脸上的笑容越来越多。在他的生日那天,班委代表全班同学向他赠送了一张签满同学名字的贺卡。当生日祝福歌唱响之时,斌斌有些语无伦次地站在讲台上向全班同学表达了自己的感激之情。

第二个学期开学时,斌斌主动提出想坐到前排。如今,他已不再像过去那般喜欢独处了,他的书包里再也没有出现过任何管制刀具了。

二、案例评点

(一)孤独的问题与危害

人是社会的产物,不能脱离社会而生活。但是,随着社会的发展,孤独问题越来越成为困扰学生的心理问题,尤其是青少年学生更是难以挣脱孤独的困扰,滋生出一些与社会期望不一致的行为。孤独问题的存在给处于青春期的学生带来心理上的苦闷。就像案例里的斌斌一样,因为孤独,认为无人可以理解,无人能感受他的感受,所以选择独处,远离人群,甚至刻意关闭自己的心门,不让外人知晓。有的学生还会由此发展成为自闭症、抑郁症。

(二)孤独的具体成因

关于孤独产生的原因,长期以来没有定论。孤独出现在青少年学生身上,和其他心理问题一样,是人生成长路上的障碍。

1. 性格问题

性格问题往往是孤独产生的主要原因。但凡孤独之人,大多在性格上都较为孤僻，不善于与人交往。青少年学生由于正处在独立意识和性格形成的关键期，随着独立意识的出现，他们开始对自己身边的人和事有了较为鲜明的爱憎分歧，也学会了把内心的事情隐藏起来，不与外人交流，于是，孤独随之而至。正处于青春期的斌斌也因此而陷入孤独的泥沼之中。

2．家庭因素

任何心理问题的出现和形成，都会有其家庭环境的原因。尤其是家庭中爱的错位与缺失常常会造成学生强烈的孤独感。

案例中的斌斌之所以由一个原本活泼开朗的少年变成一个既不与同学交往也不和家人交流的"冷面王子"，很大程度要归因于家庭中爱的缺失。

3．社会因素

在学生的个性方面，性格形成是最易受到后天环境的影响的。孤独作为性格内向的共生物，也一样会受到社会因素的影响。一个人生活在和谐的环境中，便学会关爱；而一个从小就生活在矛盾重重、争斗不断环境里的学生，也会学会攻击和打架。案例中的斌斌就是因为在刚接触社会时便遭遇到被人勒索的事件，对其他人都产生了不信任感，并一直想找勒索他的人报复，这便有了他随身携带管制刀具的行为。而且他因为这件事始终无法向人启齿，直接导致了他性格上的孤僻和自闭。

（三）孤独学生的教育策略

解决孤独问题的方法有许多，案例中所涉及的策略主要有以下几种：

1．找准教育切入点

每一个学生都是独特的。所以，教育的方法不能一成不变，要针对不同的人采用不同的方法和手段，抓住教育时机进行及时有效的教育。人非圣贤,孰能无过?何况是处在价值观和人生观都尚未形成时的学生。同时,也不存在一无是处之人。教育在遵循学生身心发展的阶段性的同时,也应关注其发展潜在的可能性,适时抓住出现在学生生活中的每一个可教育的时机。这就要求教师做教育上的有心人,能够随时随地发现学生身上的闪光点,还要善于从学生身上出现的问题中发掘出积极的教育因素,进行正面引导和教育。

2. 借助同龄人的力量

处于青春期的学生身上所出现的心理问题,大多属于人际交往和沟通问题。处在青春期的学生,随着生理逐渐趋向成熟,在很多方面都会有着自己的独特见解和看法,而由于年龄与地位的差别,这些看法往往与成人有着很大的差距,因此很难得到父母或师长的认可与接纳,孤独地承受一切是他们所做的选择之一。由于经历和感受相同,与师长和父母相较,同龄人的榜样作用或团体影响,不失为一种行之有效的教育方法。可以让同龄人现身说法,把自己在成长道路上所遇到的问题以及如何解决的方法向同学们进行介绍,通过同龄人的榜样和示范作用,为心理出现问题的学生提供可借鉴的人和事,让他们进行积极的反思和实践,更好地解决自身出现的问题。

3. 心理上接纳,行为上引导

心理上出现问题的学生,大多都会对周围的人和事产生一定的投射心理或防御心理,他们常常觉得别人看自己的眼光都是有问题的,由此滋生出对别人的不信任感,或刻意回避等。所以,班主任要在自身心理上接纳这类学生,用无所不包的师爱去关心和爱护他们,让他们感受到自己是生活在关爱中的,别的同学并没有歧视他们。教师要指导他们学会用平常心态和积极乐观的情绪来处事和行为，从改变他们自己的心态入手，从不同的层面和角度去看问题，从而减少学生在青春期的错误行为。

（四）教育中应注意的问题

对于此类由学生的性格、气质和人格所导致的心理问题，单纯的说教或谈话方式往往无法成为打开他们内心之门的有效途径，我们必须采用不同的办法来解决。

1. 注意学生的心理感受

在学生所处的青春期，任何问题的出现都是可以理解的，是正常的，也是可以接纳的。但是，长期以来社会对心理异常的偏见和错误认识，导致凡是出现心理问题的学生都怕被人说成是心理不健康。因此，学生不管出现了什么样的心理问题，总是避免去找专业心理老师咨询，致使出现的心理问题得不到及时有效的疏导，在一定程度上影响到学生正常的行为、交往和正常的生活。班主任及其他教师需要在关键时刻给他们以迎接困难的勇气，并随时给予他们最需要的支持和关心，帮助他们顺利度过这段时期。

2. 给予学生更多的关爱

给予学生更多的关爱是解决问题的出发点。性格上孤独的学生，大多缘于天生性格内向或孤僻。这类人群通常较一般人更为敏感，体验也会更加深刻。他们更需要得到教师和家长的关爱。也许，他们正是想通过"孤独"这样一种独特的方式来引起教师、家长和同学的注意，进而获得更多的关爱。因此，如果教师能向他们伸出温暖的双手，给予他们所期望的关爱，就会解冻他们内心深处的坚冰，从而帮助他们走出孤独的内心世界。

3. 注意多角度多方面地切入问题

教育有法，但无定法。因人不同，每一个个体身上出现的问题都有着不同的背景或原因。教育过程除了要耐心细致外，还必须多角度地寻找解决问题的办法。一种办法行不通，不妨寻找另一种办法。由于引发学生孤独的原因是多方面的，对于孤独问题的解决，同样要多角度地切入，寻找到解决问题的有利契机。

第三节 自 残

人生最值得记忆和留恋的时光是中学。如果把人的一生比作一次花期，那么中学时代无疑是含苞待放的"花蕾"即将竞相吐艳的时节，需要潜心呵护和关爱。因为，一旦爱在这里发生偏差或断裂，那么必然会给中学生带来种种不幸。有的孩子会把这种不幸施加在自己的身上，采用自残的方式来解决自己不能解决的问题。

一、教育案例

滴血"柔情"

新学期开学，小曼是最后一个到班上报到的。这个女生略带羞涩，我本以为她报到时应该会像其他同学那样家里来一大群"跟班"。但是，她没有，她独自一人带着一箱大大的行李来到学校。而且在接下来的学习和生活中，她与班上其他同学一样，自然融入班集体中，波澜不惊地做着自己的事。谁也不会把这样一个对人和善的女生与自残行为联系在一起。但是，这种事却在她身上发生了。

一次放学后，班上一名女同学悄悄告诉我，小曼随身带着一把刀，有时还用这把刀将自己的手指割得鲜血淋淋的，还经常向她们炫耀……好恐怖！职业敏感告诉我，小曼有着明显的自残行为，这种行为在处于青春期的学生身上已不是新闻。我忽然想起她曾十分着迷明星的文身。看来，我得找她好好地谈心。因为我知道，但凡行为出现怪异的学生，其行为的发生都会有一些不为外人所知晓的诱因，有的甚至是令学生一生为之心痛的悲伤事。而且这类学生常常都有一个共同的想法，那便是希望通过对身体的自残达到预期目的，然后又会强化后续的行为和表现。如果不能及时制止，则会出现更加离谱的可怕行为。

该如何选择与小曼面谈的切入角度与力度呢？怎样才能做到不着痕迹？这着实让我为难。后来几天这一直是我思考得最多的问题。机会终于还是来了。那天，我在办公室忙着整理资料，小曼风风火火的身影突然闪了进来，她想找李老师，但李老师不在。我便让她帮我把收好的作业抱过来。她很快就完成了任务，就在她把作业放在我面前之际，我"突然"发现她手上有一道道伤痕。我连忙问她是不是抱作业时不小心弄伤了手，并四处翻找创可贴给她包扎。她却把手缩了回去，说不用，准备拔腿跑出办公室。我叫住了她，让她坐下，叫她再次把手伸出来，她极不情愿地伸出双手。虽然早有心理准备，但我还是有些惊讶，她的一双手上横七竖八地布满了伤口。

"怎么回事？"我难受地看着她问道。

小曼把头垂得低低的，许久不作声。她见我没有放弃的意思，只好用只有自己听得见的声音小声承认是自己划的。随即她笑了笑说："没事的，老师，我不过觉得好玩而已。"

"多久了？"我问。

"小学就这样了。"她轻声回答。

小曼出生在一个知识分子家庭，父母都是博士，但由于工作都比较忙，平时少有时间关心小曼。他们对小曼的期望很高，加上他们一直致力于培养小曼独立生活的能力，使得小曼从小就学会了独处和用自己的方式解决问题。据小曼自己介绍,她在小学五年级时就这样了,开始只是心里闷得慌才这样,后来,遇到难以解决的困难时,也会用这种方式来使自己"清醒"。那么刀片划破皮肤时是什么感觉呢?小曼说:"我先是感到巨大的疼痛,然后就逐渐麻木,没有感觉,像死了一样。过一会儿又更加疼痛,我开始为自己担心。但过不了多久,就会感到全身非常放松。"她甚至还说:"尤其是看着殷红的鲜血从手腕上缓缓流出来,会让我感到很满足,也很过瘾,有时甚至想到就这样把自己毁灭了。"

"你为什么会想到这样做?"我问她。

"开始只是为了向我爸妈示威。因为有时候,他们老干涉我,限制我。为了达到目的,我就用这种方式来向他们施压,每次他们只要一看到我拿刀往手上一划,他们就妥协了。这招真管用!"她就像述说一件与自己无关的事一样平静,"后来在电视上看到那些歌星影星身上的文身,觉得很好看,也学着做。只是技术不好,纹得不好看,所以没再进行。"

我请她做了下面的测试:

①听说要派人到艰苦的地方工作,担心自己被派去,想受点伤逃避,是吗?(是)(否)

②知道要到某地抢险,准备自己受点伤,达到不去的目的,是吗?(是)(否)

③听说对伤残人员有什么特殊的好政策,自己想沾点好处,想让身体得病,是吗?(是)(否)

④为了得到同情,自己想伤害身体,是吗?(是)(否)

⑤没有达到目的,想让自己的身体受到损伤来发泄心中的怨气,是吗?(是)(否)

⑥没有按照你的意志办事,就经常以自残的口气威胁人,逼

人就范,是吗?(是)(否)

⑦发生了重点事件以后,为了逃避责任,想伤害身体,以此求得大家原谅,是吗?(是)(否)

⑧遇到与人争执的时候,没有办法解决,想以伤害身体为代价,求得问题的解决,是吗?(是)(否)

测试结果表明,小曼身上的确存在着明显的自残倾向,而且程度还比较深。鉴于她的自残行为已不是简单的道德问题,我作为班主任只能从浅层上进行初步解决。我告诉她,不管出于何种目的,这种行为都是不可取的,它不仅无益于解决问题,反而会给自己带来更大的伤害。如果是为了减轻压力和发泄不良情绪,可以选择别的办法。

为了帮助她对此类行为的危害有一个明确而清楚的认识,我把收集到的关于自残行为的相关资料及分析给她阅读,希望帮助她更好地认识到自己的问题,并告诉她,即使文身也要因人而异,别人身上的东西看上去很美,在自己身上未必。然后,我根据自己所掌握的相关知识,结合她的具体情况和她一道制订了一个切实可行的初步方案,对其进行引导和教育。考虑到她的问题掺杂了太多的家庭因素,我及时与她的父母进行了沟通,并把小曼在学校的表现和行为告知了他们,请他们配合我一道做好小曼的教育工作。在多方面努力下,小曼的自残行为有所收敛,教育初步取得成效。

但是,由于自残行为已不属于一般性的心理问题,一般教育是不行的,还需借助专业的心理治疗才能从根本上解决。学校不具备进行心理治疗的条件,我也未能在技术和要求上很好地掌握心理治疗,不能贸然行事,以免误事。在征得她父母和本人同意后,我把她转到心理治疗中心进行治疗。我也建议她的父母一道接受相关的咨询和治疗，以促进小曼的转化工作。

心理治疗的过程相当漫长，但小曼却十分配合。经过近四个星期的治疗，小曼身上再也没有增添新的伤痕。第五个星期，小曼向治疗师送去一份治疗结果的总结反馈，称自己已完全好了。再后来，治疗师与小曼的父母进行了一次长谈后，确认小曼已恢复，但仍需要进一步观察和跟踪。大约又经过三个多月的治疗和观察，随着身上的伤痕慢慢地消失，小曼的生活又恢复了原来的平静。为此，我甚是欣慰。

二、案例评点

（一）自残的问题与危害

这是典型的自我伤残行为的案例。自残是对自己身体的损害，是青少年较为严重的心理问题，与自杀一起构成学校和家庭应激程度偏高的两种事件。但凡有这种倾向的学生，行事都比较偏激。通常只要有一种诱因出现，他们都会用刀或其他利器来对自己的身体进行伤害，幼儿则会选择用手指把自己的手背或脸抓得鲜血淋淋。这种行为会对学生自身带来心理和生理上的双重伤害，进而还会导致学生心理扭曲，也让学生的家长惶恐不安。这种行为所带来的痛苦并不一定能让学生自身的负面情绪有所减缓，相反，伴随着这种痛楚，学生总会被唤起更多的不良情绪，心理压力更为沉重，有的甚至还会做出其他过激行为。

（二）自残的具体成因

这类因心理扭曲而导致的行为的出现，其实与其他绝大多数心理异常问题一样，有着共性的因素。它们既与学生生理健康分不开，更与家庭早期的教养相关。纵观自残行为的发生，我们可以从如下几方面探知其原因：

1. 学生心理异常

处在青春期的学生，伴随着生理和心理冲突的不断涌现，面对众多由于认识的限制而自己无法解决的问题和矛盾，常常会用一些异常行为和方式来解决。行为形成习惯后，直接催生心理异常，有的还会像案例中的小曼那样，甚至想把自己毁灭掉。

2. 转嫁外界压力

青春期的学生出现焦虑、紧张、不安、痛苦等情绪本是正常的，消除此类不良情绪的办法也是多方面的。有的学生会选择用自残来转移压力，发泄自己的不满，习惯于通过增加自身肉体的痛苦来减轻精神的痛苦。案例中小曼的自残行为带有明显的焦虑转嫁性质。

3. 家庭教育方式不当

每个学生都有趋利行为和动机。为了获取利益，学生常常会用各种办法来达到目的。会哭的孩子有奶吃，婴儿的哭声通常十分有效，因此，父母如果对孩子的"耍赖"束手无策，甚至妥协退让，会强化孩子的这种行为，从而养成孩子为达目的不择手段的行事作风。自残便是很好地利用了父母的这种心理。这一点在小曼身上得到了很好的验证，父母每次都会在她向自己举起刀子的时候宣告"投降"，从而强化了她的这种行为。

（三）自残学生的教育策略

1. 引导学生尝试用其他办法化解心理压力

像案例中的小曼那样，学生之所以会出现自残的行为，与其面对问题时解决方法的单一甚至走极端是分不开的。因此，教师要注意引导学生学会多角度地寻找解决问题的方法，告诉学生：转嫁压力的方法很多，运动发泄、在无人的地方大声呐喊等都比自残要合理得多。

2．引导学生认识自残危害

做自残问题学生的教育工作时，先要让他们认识到自残行为的危害，避免自残行为的继续，尽可能地减少伤害，防止问题的进一步变化和扩展。教师可向学生提供有关这方面的资料、事件报道及分析，让其阅读，从中认识这种行为带来的影响及其危害，为矫治这种行为做好必要的准备。案例中的班主任通过让当事人翻阅有关资料，在引导学生认识的同时，也从不同角度帮助学生尝试着解决自身所遇到的问题。

3．多方协作

案例中的班主任在采用一般策略之后，选择求助专业心理治疗师对学生进行专业治疗，应该说是一种明智的选择。班主任也好，教师也罢，由于专业受限，面对发生在学生身上的重度心理问题，尤其是需要治疗时，必须毫不犹豫地转介，以免因强行处理而影响到对学生的教育或治疗。

（四）教育中应注意的问题

1．积极关注，理性应对

对存在自残行为的学生，教师需要对他们进行"冷处理"，即忽视事件本身，因为事件可能会间接影响到别的学生，使之扩大影响。在当前这种教育大环境下，班主任和任课教师往往由于过分担心学生会出现意外，所以都会有意或无意地放大发生在学生身上的一切事情，进而引发教师群体的高度焦虑。因此，一旦学生中出现类似的问题和行为，教师们就会手忙脚乱，不知所措。教师应当时刻清楚，发生在学生身上的一切行为都是可以理解的，尤其是学生的行为和心理问题更是如此。案例中的班主任对小曼的行为表现得相当理性和耐心，在冷静中透出关注，并一直在寻找解决问题的突破口，为教师解决学生的问题提供了很好的借鉴。

2. 科学教育学生

发生在学生身上的自残行为，相当一部分是由于学生无知和盲目模仿所引起的，而盲目模仿的对象大多来自媒体报道。电视、电影、小说等对此类行为的描写，歌星、球星千奇百怪的文身，诱发学生的好奇心理。在追求时尚和"酷"的心理驱使下，学生在不明就里的情况下，很容易向自己举起刀片等利器。有的所谓的"潮流"在不经意间越过"红线"，阴影将伴随一生。

【案例】

她是一个看上去很文静的女孩子。通过预约登记本，我了解到她的名字叫晓文，是一名高二的学生。她低着头坐在我的对面，开始的时候很拘谨，我微笑着对她说："是不是对老师有些顾忌？"她抬起头，眼里有一些泪花，哽咽着说："不是，是我有一些见不得人的事。"然后她掀起衣袖让我看，我顿时惊呆了，她的胳膊上满是伤痕，伤痕分明是割上去的，旧伤和新伤密密麻麻。"这……"我示意她说下去。她便开始讲起了她这么多年来压抑在心里的苦楚：

我的父母都是知识分子，在我的记忆里童年是非常快乐的，基本上我有什么愿望，他们都能帮我实现。当时我们的家境并不是很好。记得有一次，我看到有一个小朋友买了一个很好看的玩具，我叫嚷着要我父母去给我买，可是那个玩具太贵了，我父亲当时对我说："过两天再买好吗？"我没有同意，整天又哭又闹，最后父母终于妥协了。总之，似乎整个家庭都在围着我转，我便有一种很幸福很满足的感觉，虽然有的时候也会看到父母无奈的眼神。

但是似乎好景不长，等我上了初中，父母便对我有了很多限制，比如什么时间该睡觉，什么时间该起床，什么时间该学习……整天对我唠唠叨叨，烦得我不得了。于是我就和他们顶嘴，父母十分气愤。

有一次，父亲竟然动手打了我，这可是从来没有过的。我当时似乎一下子绝望了，感到自己没有再在这个家里待下去的必要了。我把正拿在手中的一本书朝父亲的脸上扔去，然后撒腿就跑出了家门。我边哭边在大街上走着，街上的人都用异样的眼光看着我，可是没有一个人上前来问一问我。我当时就想：为什么父母现在对我这么不好？为什么他们都这么冷淡？为什么这个世界上没有人能真正理解我，关心我？我越想越伤心，越想越失望。不知什么时候，我发现自己的左胳膊已经被自己的右手指抠出了一道血印。但是当时却没有感觉到一丝的疼痛，却产生了一种快感，似乎这样很舒服。

后来，父母找到了我。但是从那以后，我的性格变了很多，不再喜欢和别人交往，每天都很忧郁，心里像是压了一块大石头。但是究竟是怎么回事，这块大石头究竟是什么，我自己也不清楚，也许是希望能有人理解吧。这样，我变得越来越孤独，同学们也发现了我的变化，竟然还有人给我起了个外号，叫我"独行女侠"。我当时那个气，但没有什么办法，每个人都那么想。

回到家，父母只问我学习，我越想越气，在学习的时候，拿起桌上的小刀就在自己的腕上划了下去，看着一道血迹出来了，我竟然笑了，而且笑出了眼泪。我知道自己的心在流泪，在呐喊："这个世界怎么能这样对我？"从那次起，我便一有心不顺的时候，就用刀割自己的手腕，仿佛只有这么做，才能发泄我的怨恨，我的不满。

前天我又和父母吵架了，因为他们发现我的成绩直线下降，说我不争气，说什么离高考只有一年多了，时间也不长了，怎么还不知道努力呢？我当时气极败坏地说："你们就只知道成绩，难道除了成绩以外，就不能谈点别的吗？你们不配做我的父母！"父母当时愣在了那里，不知所措。我哭着跑进了自己的房间，又开始用刀划自己的手腕。当时父母在外面一个劲儿地敲门，我也没有给开。他们急了，也不知怎么弄的，把门打开了。发现我的胳膊在流血，他们吓坏了。父亲抱起我就往外跑。到了医院，医生简单包扎了一下，然后就回来了。我昨天没来上课，父亲给我请假说我病了，在家看了我一天。我想，我才不会死，我只是觉得那样做感觉很好。可是现在，我的心情却感觉变得更沉重了，特烦！今天在班里已经根本听不进去课了。

当说完这些时，她长出了一口气，似乎轻松了许多，然后看着我说："老师，我知道我不正常，心理有问题，所以我才来找你，希望你能帮帮我！"

我对她说，我一定能帮她，并告诉她，每个人在成长中都会遇到这样那样的问题，没有问题就不叫成长，因为有了问题就会想办法去解决，问题解决了，自己便会成长。所以，她并不是不正常，只是因为某些原因，导致了现在这个问题。我告诉她回去想一想，是什么原因使她产生了现在这个行为，我提示她从主观和客观两个方面来考虑。

其实，听完她的经历，我已经基本上弄清楚了她自残行为的原因。父母小时候对她的溺爱，使她产生了较强的自我中心倾向，而当她进入初中之后，她的这种心理没有得到满足，父母从关心她的生活转向了关心她的学习。而且，她已逐渐进入了"心理断乳期"，急需父母对她的心理需要给予极大的关注。可是事实上，父母的行为恰恰背离了她的愿望，使她感到越来越不受重视。加上学习成绩不理想，自己也无法肯定和容纳自己，这种心理上的失衡无处发泄，但又急于发泄。这样，她唯一能找到的对象就是她自己。每次自伤都使她得到暂时的缓解，但是过后又重新回到失衡状态，甚至比先前更严重。这样的恶性循环，如果不及时解决，对其将来的发展有很大的负面影响。

第二天，她如约而至，我和她共同分析了产生这种行为的原因。她首先了解了客观上产生这种行为的原因，以及现在存在这种倾向的同学的普遍性。当然，我也告诉她这样做的后果会影响自己的顺利成长，增强了她解决问题的动机。我告诉她，无论遇到什么困难和问题，能真正帮助自己的只有自己，不要指望其他人会从根本上帮她解决。而且每次问题摆在面前的时候，其实会有更好的方法去选择，会收到更好的效果，不至于伤害自己还无济于事。另外，平时多参加一些课余活动，多看一些课外书，拓宽自己的视野，让自己的心胸变得开阔，这样，就不会感到压抑，所谓的烦恼也就不是烦恼了。然后，我给她设计了一个方案，即让她每天记录下自己的心态变化，对消极的认知加以反驳。比如"今天希望每个同学都能关注自己"，而这个愿望没能实现，则反驳"一个人不可能得到每个人的关注，因为我也没关注每一个人啊"。

后来，我通过她的老师联系到了她的父母，刚开始他们感到有些不可思议，认为她已经得到了所有应该得到的照顾。我从晓文的心理需求入手，与她的父母商讨如何尊重和满足她的需要，他们认可并接受了我的建议。同时我也和她的班主任进行了沟通，希望他能鼓励班级其他同学多关心一下晓文。

晓文真的按照我说的去做了，当然后来也出现了几次自残行为，不过次数越来越少了，每次她来咨询的时候都拿出她曾记录过的反驳自己的不良认知的内容。慢慢的，父母和同学对她的态度也逐渐改变了，她的情绪越来越好了。

大约经过半年的时间，她完全摆脱了自残行为。

还有一种自残类型，即"校园自残事件"，是指学生在校园里违反纪律后采取自我伤害的方式来逃避学校责罚的事件。

"校园自残事件"是校园中虽不常见但很典型的一种事件，其典型的原因在于其性质常常会危及学生的生命，处理不好易引发恶性事件。因此，它令学校管理者及教师十分棘手。如何处理此类事件，是教育者的一个难题，对其进行讨论十分有意义。

【案例】

在某校刚刚过去的期末考试中，一名女生因考试时夹带材料而被监考老师依据学校的考试纪律判为"作弊"。按照通常的做法，凡作弊者要被通报批评。该生当晚在学校的通报张贴之前，抢先吃下10片安眠药。吃药后，该生就通过同学通知了家长，家长迅速将其送到医院进行洗胃抢救。学生病情稳定后，家长就通知了班主任，班主任赶到医院，家长对班主任说的第一句话就是："学校不要通报批评孩子。"班主任有些迟疑，当即遭到了家长的质问："难道学校的规定比孩子的生命还重要吗？"这一句堂而皇之的质问，让班主任没有办法，只好立即打电话告知了校领导，校领导也不敢有半点迟疑地答应了学生家长的要求。该生以自残为代价获得了她想得到的一个最好结果——名字不被公布，保住了自己的面子。

第二天，该生依然坚持到校考试，校门口的通告栏中，只有与她同时作弊的另外三名同学的名字，没有她的名字。她获得了自己想要的结果。

"难道学校的规定比孩子的生命还重要吗？"这是一个看似十分有力的理由。家长提出这样的理由，学校领导和教师没人敢去反驳，只能按照家长的要求处理该生的作弊事件，没有公布作弊者的名字。

学校对该生作弊事件的处理很具有典型性和普遍性。表面上看这样的处理似乎很有人情味：学生都以自己的生命做代价了，教育者还有什么不能让步的呢？这时还不让步不是冷酷无情吗？有什么比学生生命还重要呢？正因如此，"校园自残事件"基本上都采取了这样的处理方式。然而这是错误的，是真正的"冷酷无情"，其危害是无穷的。

1．对学生的危害

学生通过自残的方式，获得了自己想要的结果，但思想会因此陷入误区：自己犯错误时，用自残的方式就可以免于处罚。这样的结论会进一步强化他的自残心理，在他今后的人生历程中，如再犯下严重错误，他仍然会采取同样的方式来处理。这样下去，其后果是不堪设想的。

学生通过自残的方式所要保护的仅是他的虚荣心。这种虚荣心在这样的处理中得到了进一步的强化，长此以往，孩子将会成长为一个没有责任感和担当的人。

自残本身就是一种不健康的心理表现，甚至可以说是一种心理疾病。这种处理方式，不仅对他的心理疾病没有抑制作用或疗救作用，反而会进一步强化他的这种病态心理。长此发展下去，后果非常可怕。

2．对家长的危害

从事件的叙述中不难看出，这种事件也是孩子与家长的一场较量。孩子是想通过这样的方式，在较量中战胜家长，不仅免于家长的责罚，而且要通过家长给校方施压，让校方屈服，免于校方的责罚。这样的处理方式，显然是让孩子取得了胜利，家长不仅不再责怪孩子，而且反过来帮助孩子逃过校方的责罚。然而，孩子的这种方式是极端错误的。在孩子以极端的方式与家长较量时，家长漠视了这种极端错误的存在。

这种极端的错误给家长的教育工作带来了极大的危害，之后对孩子难以管教，深不得，也浅不得，所有的管教都会变得有所顾忌。因有所顾忌，家长就会对孩子放纵、顺从，孩子会因家长的放纵、顺从而变得肆无忌惮。

一个因家长的顾忌而未得到严格管教的孩子，其成长之路将很令人担忧，一般地说，他也很难成长为一个有用之才。一个家庭，孩子不能健康成长，不能成长为一个有用之才，这将是家长的悲哀，也是家庭的悲哀。

3. 对学校的危害

四个人一起作弊，同考场的学生都知道，但是公布出来的名单却只有三个人，其中的缘由是会被学生打听清楚的。于是会有很多学生从这一事件中得出这样的结论：犯了错误，只要巧妙自残，学校便会屈服。

这一结论所引发的后果将是很可怕的，可怕之处不仅仅在于学校的管理会一次又一次因这样的事件而屈服让步，而且在于可能引发性质更加恶劣的事件，或自残时学生的"度"没把握好，或学生自残后抢救不及时等。

假如在这一事件中被公布的三名学生中有一名学生敢出来向学校发难："为什么要公布我的名字，难道是因为我没有自残吗？我现在自残，你们是不是会将我的名字划去，并向我道歉？"如果这样，不知道校长该如何面对。

假如学生从这一处理方式中得出的结论被肆意传播,他们不仅会在考试作弊事件中使用,而且会把它延伸到其他方面。那么,学校的管理将会很难进行,所有的纪律、规定、制度都会遭到质疑。一旦一个集体的纪律、规定、制度全线崩溃,这个集体将很难维持。

综上所述,因学生自残而取消责罚这种对"校园自残事件"惯常的处理方式,看似是一种人性化的处理方式,实际上无论是对学生还是对家长、对学校,都是一种最冷酷无情的处理方式。那么,应该如何正确处理呢?

学校首先应该及时抢救学生,当学生的生命没有危险的时候,就应该及时对其进行心理辅导。在心理辅导中,教师不仅不能迁就学生的错误,而且要指出其做法的错误性及其将会引发的后果。同时指出,一个人犯错误是正常的,问题在于如何面对自己的错误,面对错误时要学会担当。

学生家长此时应该请专业心理咨询师对孩子进行心理干预,因为面对错误采取自残的方式来逃避责罚的学生多少都有一些"自残倾向","自残倾向"是心理疾病的典型症状。进行心理干预才是当务之急,而不是急于为孩子向学校施压。

此时,无论是教师还是家长,都不该帮助孩子推脱责任或设法减轻对孩子的处罚,哪怕是以语言的方式来进行。比如说,在孩子面前不该说如下一类话:"作弊有什么啊?作弊的又不只是你一个人。哪次考试没有人作弊啊?""作弊这点小事也值得喝药啊?""有什么大不了的事,不就这点小事吗?跟我们说说,和校长谈谈不就行了吗?"这类话所产生的心理暗示负面效应是极大的。例如"作弊这点小事也值得喝药啊?"暗示作弊是件小事,人完全是可以作弊的,还暗示有些事是值得喝药的,只不过作弊不值得罢了。而事实上呢?作弊并非小事,原因不再赘述。天下也没有任何事情值得自残，再大的困难、再大的挫折，都要勇敢地去面对，而不是去逃避。

校方不该妥协，依然要按章办事，正常地公布名单，当然前提是在对学生实施心理干预的情形下。这样做会告诉学生，即使你采取了极端的方式，也无法逃脱犯错后应该承担的处罚，更重要的是告诉了所有的学生，犯了错误，无论如何是要承担责任的，逃脱处罚的唯一办法就是不犯错误，由此可以起到以儆效尤的作用。

这样处理看似冷酷无情，其实是对学生最为人性化的处理方式，是对这名学生及其家长、学校以及其他学生最为负责任的处理方式。

第四节　自杀倾向

"人最宝贵的东西是生命，生命对于我们只有一次……"苏联作家尼古拉·奥斯特洛夫斯基的这段名言曾影响了一代代热血青年。但是，也有一些如花的青春少年在我们的扼腕叹息中黯然消逝，离开了这个世界。

一、教育案例

"自杀"的阿宽

我正在办公室埋头整理着资料。这时，门轻轻地敲了几下，一个身材矮胖的男生走了进来，一脸凄然。我给他递上一杯水，请他坐下。他虽然默然地坐在我对面，目光却不安地四处张望着。所有来到办公室里的学生都会这样，我早已习惯，没急着发问。过了一会儿，他蓦地从怀里掏出两个装着不明液体的药水瓶，问我："老师，如果想自杀，这两瓶毒药够吗？"一刹那，我愣住了，没想到他会提出这样的问题。在一段时间里，我的大脑一直处于真空状态，没有任何反应，不知所措。他则在我对面不停地哭泣着。我轻轻地递上一张纸巾，静静地看着他，同时思索着如何劝慰和开导他。

这个男生名叫阿宽。我明白，他所遇到的问题正是目前普遍困扰学校、家庭、社会的自杀心理倾向问题。这种危机一旦处理失当，后果将不堪设想。

作为班主任，阿宽给我的印象是比较内向和老实，不会出问题，所以平时也没多关注他。没想到，他的内心里竟会有着这么大的矛盾和问题。如果我没处理好，可能会导致事情进一步恶化。我想先把他的情绪稳定下来，再寻求解决的办法和途径。我静静地听他诉说着心里的痛苦和自己的不幸，并不时在他伤心动情时递上一张纸巾，让他擦擦眼泪，并适时地拍拍他的肩膀。他现在需要宣泄自己的苦闷。

渐渐地，他平静了下来，略带歉意地看着我。

我感谢他能在自己最危急的时刻想到我。我理解他的心情和处境，希望他能向我倾诉自己的烦恼。同时，我顺便告诉他我处事的原则：我们之间的所有活动和谈话绝不会有第三个人知道。由于我对他不幸的遭遇给予积极关注，他心中的不安与疑虑慢慢地消除了，这使我进一步了解到他内心深处有座更大的"冰山"。

他向我述说了自己这么多年来一直羞于向人启齿的往事和近况，并一再表达不想再活下去了。

他出生在一个商人家庭，父亲长期在外经商，家里只有母亲和一个妹妹。他认为母亲对妹妹十分偏爱，对自己很冷落。由于自己身材很胖，母亲不喜欢他，加上他食量大，每次吃饭的时候，母亲都会怕他再发胖而限制他的食量,所以他经常吃不饱。生活这么苦,他觉得真没意思,还不如死掉算了。我问他死能解决什么问题,他惨淡一笑:"至少可以一了百了,不会再有这些烦恼了。"我问他是否有更好的办法来解决现在所面临的一切,他先是点了点头,然后又摇了摇头。他说尝试过,但没有用。比如,他曾用虐待妹妹的做法来对抗父母,却换来了父母更多的冷漠;他也为逃避家庭氛围而流连网吧,彻夜不归,每次被母亲找回后都被一顿狠揍。他常常担心哪一天会被母亲赶出家门,变成无家可归的流浪者。我忽然记起,他这学期曾有几次没精打采地趴在桌上,我开始以为是他学习太累了,没想到竟会是这样。

我明白,阿宽身上存在着高度的焦虑和明显的抑郁倾向,这直接导致了他的自杀念头的产生。

而他的抑郁来自对自己身上出现的现象和处境的不合理认知。在谈话中,他不止一次表达,自己的地位受到妹妹的威胁。

为了能让他先平静下来,理性调整自己的心态,我请他完成一道心理作业,希望他认真完成后,自己得出一个结论,再来找我。

他在作业中反复思考自杀的后果,然后和我一道进行分析。我对他的作业进行了补充和完善,把他未想到的一些方面加了进去,帮助他更好地理清思路。在我的引导下,他明白了,不论对自己还是家人、老师,自杀都是害大于利,他表示会好好再想想这件事,不会再轻言生死了。我还特意要求阿宽把他带来的两个装着不明液体的瓶子留下。

我接着从调整他的认知入手,引导他理性看待自己所处的处境,降低过高的社会期待,还自己一个合适的位置。我告诉他,每个人在社会上都不可能会得到所有人的接纳和认可,有的人会因为各种原因受到少数人的嘲弄甚至歧视,但是大多数人对我们都是友好平等的。我们要学会接受自己的现状，找到属于自己的位置。

为了使他能切身感受到来自班级的接纳和温暖，在一节班会课上，我以"说你说我"为主题，让班上每一名同学用一张纸写出班上同学的优点，在下次班会课上进行交流。我特意把十几名同学聚集到一起，向他们说明我的想法，请他们帮助阿宽。在第二次班会课上，我专门把那些对阿宽充满赞誉的纸条请一名同学当众念出来。在听完自己身上所具有的很多优点后，我把阿宽再次叫到办公室，和他交流感受。他很高兴地告诉我，没想到自己竟会有这么多的优点，自己却从来不知道。我告诉他，每个人都有自己的优点，只是我们没有意识到而已。天生我材必有用，不可轻言生死。其实，不只在班上，就是在家里，他也一定有属于自己的位置。

为了能帮助他更清楚地认识自己在家中的合理位置，我请他给家人进行位置排列，并排出自己认为最理想的位置。他每次都把自己放在距离父亲最近的位置，因为父亲是家里唯一对他很好的人，母亲则总是站在妹妹身边，是他的对立面。但因为父亲长期在外，所以他始终认为自己处在家庭最边缘的位置。而理想中，他认为，作为男孩子，他应该处在家庭的中心，父母、妹妹都得围着他转。我问他，在家里，他和妹妹相比，谁更需要保护？他回答是妹妹。我告诉他，正因为父亲不在家，他作为家里唯一的男性，应该肩负起保护母亲和妹妹的任务，所以，他不站在母亲身边而妹妹站在母亲身边才是合理的，也才能体现出他的男子汉气概。他之所以如此焦虑和抑郁，主要就是自己没认识到这一点。他同意我的看法，并表示愿意改变自己对母亲和妹妹的态度，尝试从积极方面去接纳她们。

同时，我把阿宽在学校里的情况告诉了阿宽的父母，希望他们能协助学校做好对阿宽的教育，他们同意了。为了随时掌握阿宽的情况，能给予他及时的帮助，我在班上找了几个平时和阿宽要好的同学，请他们尽可能地帮助他，并请他们随时注意阿宽的表现和可能反复出现的问题。

一个学期以后，阿宽的脸上渐渐恢复了往昔的平静和坦然。

二、案例评点

（一）自杀倾向的问题与危害

这是一名典型的存在自杀心理倾向的学生的案例。自杀心理是一种严重的心理问题，具有这种心理倾向的学生，大多数都是典型的抑郁质，外在行为通常表现为无故发呆、无理取闹或行为怪异。一般这样的人都会有严重的抑郁心理，情绪也比较低落，经常万念俱灰，总觉得生无可恋。因为具有这种倾向的人大多神经比较脆弱，情感比较细腻，所以他们遇事常常想不开，有时钻牛角尖，走极端。心理问题所产生的后果不外乎两方面：其一是害人，其二是害己。自杀行为的后果往往是直接伤害本人，也间接地伤害别人，尤其是家人，让他们担心。案例中阿宽的行为所幸并未造成严重后果，仅仅是一种倾向和意念。即使如此，教师也千万不可忽略这个问题。

（二）自杀倾向的具体成因

自杀倾向形成的因素非常多。俗话说，"一样生，百样死"。每个人在离开这个世界时所选择的方式也许会不一样，但选择自杀者的心境大多是一样的，那就是他们都在现实中遭遇了某些无法排遣的困难或不公正的待遇而感到心灰意冷，最终走上这条不归路。

1. 性格孤僻

具有自杀倾向的人往往性格都比较内向、孤僻，神经质倾向比较明显，并常常带有抑郁型气质，敏感、自卑，处事偏激，神经比较脆弱。案例中的阿宽便是这样一种人：因为体型过于肥胖，与同龄人相比，有着强烈的自卑；加上在家里得不到父母的关怀，越发孤僻。

2. 社会偏见

因为审美差异的存在，社会上一部分人对身体有缺陷或体型与其他人有异的学生有偏见，一些媒体也有失实报道。偏见比无知更可怕。正是由于社会偏见，加速了这类人群不良情绪的蔓延。案例中的阿宽因为身体过于肥胖，遭到歧视，从而造成了他害怕与别人相处的自卑心理，进而诱发了自杀的心理倾向。媒体在青少年自杀方面的失实报道也会对处于青春期、难以明辨是非的学生产生误导。任何一种行为，不论是好是坏，凡是受到强化，都会产生强烈的示范作用，不管是正面强化还是负面强化，概莫能外。而这样的强化，往往使自我意识已萌动但还不够成熟、不够理性的学生产生错误的认知，进而诱发一些过激的行为。

3. 缺少家庭关爱

家庭是学生成长的第一场所，对学生性格形成具有不可替代的作用。良好的亲子关系，不仅能形成学生良好的性格，也有利于学生健康人格的形成和发展。反之则不然。据阿宽所言，他之所以选择这样，主要因为在家里得不到母亲的关爱，久而久之，他觉得在这世界上已无可留恋之人和事。

（三）自杀倾向学生的教育策略

对这类处于青春期的学生出现的自杀倾向，每一个教育者都无法漠视。但并非每一个教育者都能很好地解决这一问题，一不小心就容易陷入空洞的说教和简单粗糙的处理，致使事态进一步走向恶化。

1. 防患于未然

对班主任而言，班级人数虽多但真正需要时时关注和留意的学生也只是少数几个。那些性格内向、不大与人交往的学生应成为关注的重点。因为这类学生极易产生过激行为，班主任要随时留心他们的情绪变化，还要注意在他们身上出现的反常行为，如无理取闹、无故发呆和行为怪异等，及时对他们进行有效的疏导，引导其不良情绪的合理发泄，防止不良情绪的蔓延。

2. 用爱去帮助学生

爱是推动一切良性发展的强大力量。选择自杀的学生，大多极度压抑，心无所恋，孤独无助，他们需要来自各方面的关爱。哪怕是一个赞许的眼神、一句温馨的话语、一杯热茶，都会融化学生内心的坚冰。案例中，班主任对阿宽处处透出关怀和爱意，不论是在阿宽痛哭流涕时递上一张纸巾，还是组织同学帮助他，无不体现出浓浓的师爱。也正因为有了这份爱，阿宽才慢慢打消自杀的念头，重燃生活的热情。

3. 进行有效的危机干预

危机干预即针对处于心理危机状态的学生及时给予适当的心理援助，帮助他处理迫在眉睫的问题，使他尽快摆脱困境，恢复心理平衡，安全度过危机。在日常教育中，教师要落实心理健康教育，加强学生的危机意识，培养学生健全的人格和良好的认知方式，提高危机应对的心理准备和应变能力；要建立学生心理档案，定期对学生开展心理健康测评，以便做到心理问题早期发现、早期干预，防患于未然；要组织有关专家对有心理问题的学生进行心理鉴别、咨询和跟踪调查，形成心理问题筛查、干预、跟踪、评估一整套工作机制，提高心理危机干预工作的科学性和针对性。班主任应设置适当的抚慰与成长教育，使学生能从危机中学习到有效的自我调节方法。案例中班主任动员了包括阿宽父母、同学在内的各种力量共同关注阿宽的一言一行，以便及时帮助他，这正是对自杀倾向及行为干预的正确做法。

（四）教育中应注意的问题

1．避免复杂问题简单化

对每一个处在内焦外困状态中的学生而言，任何一种行为的发生都会有其多方面的原因。切不可只看到问题的一个层面就匆忙行事，仓促处理，以免把深层的问题给漏掉，不利于问题的及时解决。

2．不要大事化小

在生活中，我们不止一次目睹过因对生命存在的漠视或对危在旦夕的情况未能采取及时有效的干预而导致悲剧一再上演的情况。教师不应该把小事放大，但我们也不主张把大事当成若有若无的小事来处理。须知，任何一刻的耽误，都会酿成不必要的祸端。

3．切忌处理方法单一化

班主任对这样的问题学生很容易陷入空洞说教的泥潭，有时，受情绪的影响和缺乏有效的办法，班主任常常会采用简单、粗暴的办法来解决学生的问题。以不变应万变的做法往往忽略学生的差异性，只能在表面上解决学生所面临的问题，而深层的问题却会因缺少必要的沟通和耐心而被掩盖掉。

【案例】
一则学生自杀事件档案分析

姓名：小张

性别：男

年级：初三

家庭背景：父亲——保安

母亲——在家开了一个香烛店

事例：2012年9月10日下午4点放学回家后上吊自杀死于家中。

调查过程：

班主任王老师（刚接手该班级，原班主任已离开学校）：该生有一米七左右，平时性格内向，不太爱讲话，虽然成绩不好，但脑子挺聪明活络的。家庭经济一般，但父母很宠他，有好吃的都给他一人吃。学习成绩较差，不愿做作业。在班中无知心朋友。经过开学以来几天的观察，我感觉有必要与他进一步沟通，因此，我找到该生，希望他在下个星期一和家长一起来学校谈话。

到星期一早上，该生的母亲来了，独自到了办公室和我谈了一会儿，然后我去教室把小张叫了过来，想一起面对面地谈一下。小张来了之后就站在旁边。我先说了一下他的情况，然后鼓励他学习再努力点，考个职校什么的，最后问他有什么打算。他没回答我，我又问了他一次，他还是没说话。这时，他母亲便责备他，他甩开母亲的手，然后冲出办公室。他母亲说："他就是这个脾气。"我不放心，就跟在后面回到教室，见小张拿起书包往外面冲，我拦不住他，就叮嘱他母亲回去后再开导开导他。当天他没回来上课。第二天回来上课，一切正常。

物理老师、语文老师：该生不爱说话，不扰乱课堂纪律，不顶撞老师，除了较懒不做作业外，没什么特别印象。

英语老师：该生内向，较懒，但英语作业一般都做，不背诵。不愿接受老师的批评，虽然不顶嘴，但是他会在行为上表示反抗，如斜眼看，动作幅度大等。英语成绩能及格，有希望再提高。

同班同学：他有点怪，在班中没有知心朋友。他特别喜欢足球，但是我们不愿意和他玩，只有在人不够时才让他踢。有时他提出要参加，我们就说人满了。此时他会表现得很愤慨，但也会在一旁看我们踢。有时同学不小心碰他一下，他就会发怒。但是他外强中干，看到比自己强的就不敢了，但会做一些很过激的动作，如用头撞桌子，直至出血，把铁制铅笔盒扭变形等。有时他从办公室出来也是这样。他这种"疯狂"行为到初二越来越多，初一几乎没有。星期二那天没什么特别的，早自习时他还和我谈论足球。下午放学回家时，我和他一起走的，也没发现有什么不对。

从以上几位老师和同学的话语中可看出，小张是个极其内向的学生，有很强的自尊心。然而，在实际生活中，小张的学习成绩较差，又由于他性格内向，与同学相处产生问题，找不到玩伴，感受到了同学的冷落。对此，他却只用沉默来回答，对老师的教育批评不理不睬，我行我素。在班中也不主动与同学交往。在学校这个大家庭中，他失去了平衡，越来越封闭自己，同时也变得敏感易受伤。同学或老师不经意的一句话或一个举动就会让他感觉受到了侵犯，极易发怒。然而他每次碰到不顺心的事，就发怒或采用自虐的行为，以此表示内心的不满。但这种伤害自己身体的行为并没让他感到轻松。正因为没有找到发泄的正确途径，他逐步形成了一些不良的个性品质或缺陷，如孤僻、暴躁、自卑、敌对等。等日积月累到不能再负荷时，便采取了极端的行为来"解脱"自己。其实，如果刚开始就有人注意到小张的这些异常行为，并主动去接近他、了解他，感化、开导并帮助他一起找出导致孤僻的根源，注意消除或避免引起他自卑的外界因素，努力为他创造奋发向上的气氛和环境，使他体验成功的喜悦，如尽量减少让他进办公室的次数，有意识地在课堂上提一些较简单的问题让他顺利回答等，同时注意因势利导，努力通过日常学习和生活中的小事进行行为矫正，悲剧是可以避免的。因为从调查过程中可发现，小张并不是老师眼中的"坏孩子"，他并不破坏课堂纪律，课后也不找老师"麻烦"，只是在学习上表现出无所谓的态度，往往把教师、同学的玩笑与帮助看作恶意的行为。从这点分析，小张其实对周围有着较强的敌对情绪，他外表虽然看来满不在乎，内心却存在着痛苦和不安。如果当时父母与老师耐心细致地进行正面教育，让他在平和的状态下正视自己的缺点和不足，他可能会逐渐排除和克服这种敌对和暴躁的性格缺陷，从而避免最终走向极端。

此外，在调查过程中发现，小张的耐挫能力较低也是导致悲剧发生的一种可能原因。小张遇到棘手的问题或突发的困难时，缺少理智的分析，容易彷徨、恐慌，走向极端。这与小张的家庭教育有较大关系。从调查中了解到，小张父母对他过度的保护、过度的爱护使他在生活上依赖父母，缺乏独立性，学习缺乏自主性、创造性，交往能力和适应环境能力极差。此外，小张的心理处在一种半幼稚半成熟的状态，充满着成熟性和幼稚性、独立性和依赖性、现实性和幻想性、自觉性和冲动性等错综复杂的矛盾。学生进入青春期，开始有了自我意识与感受，本属正常。但小张受到自己性格缺陷、家庭教育等因素影响，自我封闭，喜欢离群索居，不愿与人交往，更不愿向人敞开心扉，一遇挫折，就易走极端，以至因绝望而产生轻生念头。从整个调查过程中还发现，小张几乎没有成功纪录，脑子里只有"失败的纪录"，他看到的只有绝望而没有希望。这些原因导致了小张的耐挫力极低，学校、家庭也没采取一些必要的干预措施。

然而，悲剧已经发生，当事人也已不在了。我们无从了解他内心的真实世界，只好从教过他的老师、同学处侧面了解分析，得出以上的一些推测性的结果分析，作为以后教学工作的借鉴。

第六章

案例解析问题学生的行为问题

第六章 案例解析问题学生的行为问题

第一节 起哄与恶作剧

中学生起哄、搞恶作剧的现象司空见惯。实事求是来看，一些学生起哄、恶作剧的动机不一定是坏的，他们往往只是无意间的灵机一动，开开玩笑，并非品德有问题。但是个别学生的起哄、搞恶作剧往往令教学秩序混乱，令老师无法上好课。

一、教育案例

"活泼"的小李

男生小李活泼好动，精力旺盛，爱开玩笑，擅长书法。他经常起哄、搞恶作剧，卖弄小聪明。因为他长得有点粗黑，同学们给他起了个外号——"黑猩猩"。小李有两大"喜好"：一是在课堂上故意起哄，扰乱课堂秩序，很多老师对他非常反感。二是在课间搞恶作剧，专门捉弄低年级同学和女同学。班里的同学都被他整得哭笑不得，同学反感，家长投诉，老师叫苦。我每次找他时，他都会说："只是开玩笑而已，下次不敢了。"说是不敢，过后又重犯，老师拿他也无可奈何。

在一次地理课上，同学们都很认真，边听讲边做记录。小李坐在座位上东张西望，他想找人说话，却又不敢开口。因为他之前说话，老师已经对他发出了两次警告。他实在觉得无聊，便从抽屉里掏出一支圆珠笔，在他前排同学的校服上乱画。不到十分钟，他的"杰作"便完成了。原来，他的"杰作"就是在前桌同学的校服上写了两行十分醒目的大字："我是两脚猪，学习怕辛苦。"放学后，受害的学生向我"举报"。当天中午，我把这件事告诉了小李的家长，但是我没有马上找小李。因为一般的说教和斥责对他已经没有效果了，所以我一定要想出更好的办法。到了下午第三节的自习课，我拿出那件校服向全班同学展示。

"这是我们班同学创作的'书法作品'，很特别。你们看！"

"有创意。"

"的确好看。"

"这是谁的校服？"

…………

同学们议论纷纷。

"你们知道作者是谁吗？"

"知道！"同学们异口同声地回答。

"请创作者闪亮登场！"

所有的目光都聚集到小李的身上，教室里又是一阵议论：

"他这回完了。"

"看他怎么办？"

"这回老师一定不会放过他。"

…………

小李在众目睽睽之下站了起来，满脸通红，神情紧张。大家都在期待着，想看我如何处理这件事情。我看见小李站起来了，接着说：

"同学们，这是我第一次见到这么有创意的书法作品，很有艺术性和观赏性。你们觉得小李的字好看吗？"

"好看！"一阵掌声响起。

"你们再看看这个。"我边说边从讲义夹里拿出翻拍的照片，并示意小李坐下。

"哇！真好看！"全班鼓掌，一片沸腾。

"让我看看。"

"让我先看。"

……………

同学们的兴趣都转移到看照片上了。

我的发言出乎大家意料,全班同学报以热烈的掌声,一点也没有责备他的意思。这情景俨然一个热闹的晚会现场,我也被这种场面感染了。我看到小李也在翘首观看,神情也放松多了,只是不敢离开座位而已。

我把照片收回来,说:"小李的书法就欣赏到此,我想提醒他本人两点:一是不能把字写在别人的衣服上;二是上课要专心听讲。下面请小李同学上来对大家表个态。"一阵掌声突然响起,他有点不好意思地说:"小明,对不起,我不该弄脏你的衣服。"掌声再次响起。课后,我让小李到我办公室,我没有批评他,只是说:"把你今天的'创作动机'和'创作体验'写下来交给我。"他写完了,我拿过来看,大意是,觉得这样做好玩。我没有批评他,只对他说了一句话:"做了错事就要承担责任,请你晚上买一包'污渍净'来,把这件衣服洗干净。"他点点头就离开了。晚上,小李买来了"污渍净",借来水桶打好水,按照说明书的洗涤程序操作,浸衣服,泡药水,漂干净,前后折腾了将近一个小时才使校服恢复原貌。当他把衣服交给我的时候,说了这么一句话:"洗衣服也这么复杂,累死我了!"最后,我心平气和地送他一句话:"开玩笑没有错,前提是不能把你的快乐建立在别人的痛苦之上。"我叫他当场把这句话背下来,并写进他的"成长资料库"里。

有一天中午,男生宿舍有一名同学洗完澡,出来找不到衣服。小李把早已准备好的水桶使劲地敲打起来,并大声喊叫:"裸体表演,现在开始,欢迎观看!裸体表演开始了!赶快来看,免费进场!"这突如其来的"锣鼓声"和吆喝声惊动了整层楼,其他同学蜂拥而至，宿舍楼顿时人声鼎沸，像被炸开了似的，狂笑声、尖叫声、起哄声，声声入耳。不知什么时候，生活老师来了，一场闹剧才结束。这是事后同学们给我描述的情形。

下午放学后，我找小李来谈话，他的"供述"与同学的描述基本吻合。我说："把事情的经过详细写下来，还要写出我们谈话后你对自己所作所为的认识与评价。"对照他所写的材料，我们又谈了一阵子。其中，小李说的一个细节使我很有感触。他说他在家常常捉弄人，搞点恶作剧，家里人还竖起大拇指称赞："这小孩真机灵！"他问我："在学校为什么不许跟别人开玩笑？"我向他解释："开玩笑和恶作剧是有区别的。不管在什么场合，开玩笑和恶作剧都要有一个'度'，这个'度'就是不能损害别人的合法利益或者人格尊严。"通过这样的交谈，他终于明白了。我进一步启发他，可以想一想当自己的利益或者尊严受到侵犯时的感受。他想了想，点点头说："想不到我的行为这样恶劣。"我们的谈话气氛和谐，人格平等，如同朋友一般，最后我送他一句话："寻找刺激不要损害别人的利益。"并叫他把这句话写在他的"成长资料库"里。

又有一次，小李到我办公室向我借了10元钱，说好下周一还。到了周一，他的确把钱还给我了。但是谁也想不到他还钱的方式有多"独特"——借整还零。周一上午，他把一个鼓鼓的信封往我桌面一放，说了声"还您钱"，就转身一溜烟跑掉了。当我打开信封，发现里面全是一角钱，我顿时觉得自己被他愚弄了，感到十分气愤，想立即冲出去，把他找来狠狠教训一顿。可是突然又止住了，心想如果我这样做，结果会怎样呢？另外，他借钱如数归还，说话算数，并没有错。我抑制住自己的情绪，考虑如何更好地教育小李，我努力地思考着……第二天上课，我把那一团零钱拿到讲台，诚恳地表扬了小李，说道："同学们，小李上周向我借了10元钱。昨天，他没有向父母多要钱，而是从自己的储钱罐里取出平时省下的零花钱来还我，这让我感动了一整天。"同学们信以为真，把最热烈的掌声献给了小李。只见他低着头，有点神色不安。不过同学们并没太关注他的"异样"，还以为他经不起表扬而不好意思呢，其中的内情只有我和他知道。课后，小李主动来找我承认借钱是恶作剧。我们在办公室倾心交谈了半个小时。他的话匣子被打开之后，无所不谈，虽然还不成熟，但很有主见。后来我从网上下载了一些学生搞恶作剧而导致严重后果的事例给他看，希望他对自己的恶作剧行为有一个理性的认识。我觉得这样做要比我在办公室对他讲大道理更有效果。

鉴于小李经常搞恶作剧，我想向其家长反馈一下，并借此帮其父母改变不良的家教风气。有一次，我在学校门口遇到小李的父母，他们是来看望孩子的。我向他们汇报了小李在学校的好几件恶作剧事件。听完我的汇报后，他们的脸色马上严肃起来，小李的母亲开始抱怨："这孩子太不像话了！"我问："他在家是不是也经常搞恶作剧？""搞恶作剧是他的老毛病了。"其父有点无可奈何地说，"我们经常对他说：'在家搞点恶作剧不要紧，在学校就不能这样了。'他就是不听。"听他们这么说，我已经找到小李搞恶作剧的客观原因了。我向他们解释："你们对孩子恶作剧的危害重视不够，他搞的恶作剧反反复复多次出现，久而久之，成了一种行为习惯。"经我这么一解释，他们明白了孩子的错与自己的教育不当有关系，急着问我有什么办法。我给了他们几点建议：一要适当地学习一些有关教育方法的知识，以使自己的教育更科学；二要以理服人，主要是提高他的是非判断能力，让他认清恶作剧的危害，他就会接受教育；三要经常与老师沟通，了解孩子在学校的表现，做到心中有数，把家庭教育和学校教育结合起来，同步进行。

从那以后，小李搞恶作剧的次数明显减少了，学习成绩也有了提高。到期末，他给我写了一封信，全文如下：

尊敬的蓝老师：

您好！想不到我会给您写信吧？当期末越来越临近时，我越发想对您说几句话。但是我见您整日忙得不可开交，我又不敢去打扰您，生怕影响您的工作，就只好给您写信了。

在您的眼里我不是一个好学生，但你从来不生我的气。当我刚来到您这个班的时候，行为十分放纵，您不怎么管我，我当时很庆幸，还以为您无能为力。现在想来，当时的我是多么"聪明"呀！其实，您是一位很负责、很有爱心的老师，我们班的同学都很喜欢您，只是我太调皮，经常耍小聪明，捉弄同学，让您操心与伤神了。我在这里向您道歉了：老师，真对不起！我没有理由再惹您生气了。虽然有时候我无法克制自己搞恶作剧的冲动，但我已经意识到这样做危害很大。我向您保证，我会努力改变自己的。谢谢您对我的关心和开导！

祝身体健康，笑口常开！

让您操心的学生：李

看完信，我在想，教育学生，训斥与惩罚固然能奏效于一时，但教师的宽容与机智更能改造学生那浮躁叛逆的心灵。

二、案例评点

（一）起哄与搞恶作剧的问题与危害

案例里小李的问题是经常在课堂上起哄、搞恶作剧。小李在课堂上对学习不感兴趣，喜欢做一些与学习无关的事，又不考虑自己行为给大家带来的危害，只管自己快乐；又总想表现自己与众不同，引人注意，又不注意行为的方式和适用的场合等。在中小学里，像起哄、搞恶作剧的现象很普遍。搞恶作剧的学生的动机虽然不坏，往往只是无意间偶然的一念闪动，不是其品德的真实反映，但是如果不重视这种现象，任其发展，这种现象会遭人厌恶。经常起哄和搞恶作剧不仅会影响学生的身心健康发展，还直接损害别人的利益或者尊严。如果不加以制止和采取有效的教育措施，必然会严重影响学生自己和他人的正常学习、生活以及休息，甚至使别的学生受到伤害。

（二）起哄与恶作剧的具体成因

1. 学生天性好奇，爱作弄人

好奇心是人类探索和创新的源泉，是人类向未知领域挑战的动力。著名的诺贝尔物理学奖获得者、奥地利物理学家薛定谔说过，好奇心是一种刺激。而寻找刺激，爱作弄人正好是青少年的一大行为特点。许多学生受好奇心的驱使都喜欢搞恶作剧。案例中的小李有强烈的猎奇心理，喜欢逗人取乐，常常以大声喊叫或者搞笑的方式自我宣泄，引起别人注意，从而获得一种满足心理。他在宿舍无所事事，就想寻找新奇与刺激，然后"突发奇想"，把正在洗澡的同学的衣服藏起来，出现了案例中的闹剧。

2. 学生自制力差

自制力是指一个人在意志行动中控制自己的情绪、约束自己言行的能力。自制力强的人有以下表现：善于在实际行动中抑制冲动行为;在实践活动中会努力克服不良情绪,如恐惧、危险、懒惰等。学生自制力弱,则不易控制情绪,是恶作剧发生的原因之一。

3. 家教不当

现在一些家庭缺少从严管教的家风,对孩子娇生惯养、溺爱袒护的现象十分普遍,这使得孩子们的言谈举止缺乏教养,为人处世自私,没有道德底线。有些家长明知自己孩子的做法不对,却以"孩子还小,不懂事,长大了自然会好"为理由为孩子辩解。更有甚者,对孩子的"出格"行为曲意称赞,夸奖孩子"聪明""有点子"。案例中,小李的家风不正,家长对孩子的恶作剧行为大加赞赏,养成孩子心无规矩、妄自尊大、为所欲为的不良行为习惯。

(三)起哄与搞恶作剧学生的教育策略

在解决恶作剧问题时,可采用以下基本策略:

1. 建立问题学生"成长资料库"

了解学生方方面面的情况,是做好学生教育工作的前提和基础,其基本方法有查阅学生档案、访问学生家长、与学生交谈、观察学生表现、发放问卷调查等,其中最常用的方法是交谈与观察。案例中的教师正是在观察课堂的时候才发现学生搞恶作剧的。问题发现得及时,并且是亲眼所见,这有利于教师对问题的分析与处理。"成长资料库"主要是针对问题学生而设立的,主要收集问题学生三方面的资料:一是问题行为实录;二是教育过程和方法;三是进步表现。每一次问题教育之前都要先让当事者翻阅前面的记录,这样可以使学生对自身有一个比较全面客观的认识,使教育达到事半功倍的效果。

2. 加强培养与教育

规范学生行为是指通过有目的的教育与训练,使学生的行为达到既定的标准。实践证明，真正的教育不是说教，而是训练。学生良好行为习惯的养成要靠规范要求和严格训练，两者缺一不可。规范学生行为对学生综合素质的形成和发展有极大的影响，可以从以下几个方面努力：在学习方面，要求学生课前自觉预习，课堂上专心听讲，积极思维，认真做笔记，课后及时复习，独立完成作业等；在生活方面，要求学生遵守学校制度，按时作息，合理安排日常生活，物品摆放有序等；在交往方面，要求学生讲文明讲礼貌，团结友爱，尊重别人等。

3．增强家校联合教育

教师如果发现学生的问题与家庭教育有关，就要主动与家长联系和沟通，帮助家长树立正确的教育观念和运用科学的教育手段，提高家庭教育的针对性和时效性。增强家校教育合力的关键是保证家庭教育与学校教育在教育目标、教育内容和教育手段上的一致性和持续性。具体做法：一要定期召开家长会，一般每学期要召开一两次家长会，让家长了解学校的办学理念、办学目标和班级教学管理的基本情况、具体要求，让家长积极参与学校教育和管理，为学校工作出谋献策。二要及时向家长反映孩子在学校的各方面的情况，包括课堂状态、考试成绩、人际关系、心理变化等，并提出一些合理的建议和要求。案例中的老师正是及时向小李的父母反映孩子在校搞恶作剧的情况，通过交谈找到小李恶作剧的家庭原因，向其父母提出合理的建议，并借助家庭教育的积极作用，促进孩子转变，取得了很大的进步。三要经常与家长沟通，了解学生在家庭与社区的表现，了解学生的爱好和特长、对父母及他人的态度、劳动观念等，并认真做好记录。

（四）教育中应注意的问题

1. 切忌冲动

学生的起哄和恶作剧往往能一下子把教师激怒，这时候教师很容易生气，失去理智。所以，遇到类似的问题，教师首先要提醒自己冷静。只有冷静，才有智慧，才能找出解决问题的好办法。否则，师生关系会十分紧张，教师很容易陷入被动局面，甚至会把问题扩大化、复杂化。

2. 要认真分析，区别对待

学生起哄、恶作剧的动机有所不同：有的纯粹是开玩笑，无伤大雅；有的是为了寻求刺激，满足猎奇心理；有的是对别人不满，伺机报复；也有的是认知上有局限，无恶意而为之。因此，教师不可一概而论，而要区别对待，该劝说的要劝说，该批评的要批评，该惩罚的要惩罚，千万不能不问青红皂白"一刀切"。

3. 不能急功近利

解决问题不是为了"整"学生，而是要教育学生并且使其乐于接受。学生有问题才有教育的必要。教师要树立正确的学生观，要有宽容心，能包容学生的"异端"行为，能给学生一个反思和自新的时间。宽容是一种教育，也是一种艺术，更是一种境界。那种认为"老师已经说过，学生就不能再犯错"的说法，是理想的教育主义，是违背学生成长规律的，是不符合教育实际和现代教育理念的。

4. 多角度看问题

喜欢恶作剧的学生一般比较机敏，大都有强烈的表现欲。有的学生的恶作剧中还包含着创新意识的成分。如果教师盲目地斥责甚至惩罚学生，势必会扼杀学生思维的积极性，从而会妨碍学生智力的发展。合理的做法是：应积极干预，将其思维的积极性引到有益的活动中去。要让学生明白，搞恶作剧也要有个"度"，以不损害他人和社会的利益为前提。

第二节　严重缺乏行为规范

教师特别是班主任，身处教育的第一线，都会有一种共同的感慨：现在的学生怎么越来越难教了？一些学生平常颐指气使，占有欲强，喜欢以"自我"为中心，严重缺乏行为规范，没有规则意识。如果这些缺点得不到及时的改正，就会给教师增加沉重的负担。

一、教育案例

放任的小王变乖了

小王是一个13岁的男生，他令所有任课教师都头痛、反感甚至厌恶。他常常自以为是，不知天高地厚，喜欢凑热闹，经常以特别的方式引人注意；课堂上，他精力充沛时左顾右盼，精神萎靡时昏睡如泥；他上课东倒西歪，下课"谈笑风生"；同学听课，他无端打扰，老师提问，他答非所问；他说话怪声怪调，写字龙飞凤舞；他自习课来去匆匆，做作业敷衍了事；在宿舍，他午睡上蹿下跳，晚睡"专题主讲"。值周干部每天向我汇报他的"杰作"，任课老师经常向我列举他的"罪状"，生活老师也时常在电话里告他违规……我总感觉，他就像一颗随时都可以引爆的"炸弹"，让人惶恐不安。这样的学生就是我的工作对象，以下便是我和他长达4个多月的"较量"。

小王的问题在开学的第二周就已经暴露出一点了。虽然还只是一些课堂纪律问题，但凭着多年的班主任工作经验，我知道这些问题只是冰山一角。如果在还不完全了解他的时候就急着去教育他，必将适得其反，解决不了根本问题，甚至还会被一些假象所误导。因此，我采取静观其变的办法，让他尽情"释放"，展现真实的一面。很多时候，同学们不理解我对他的"纵容"，任课老师也说我太软弱。过了一段时间后，我约见了他的家长，了解了他的家庭环境。小王的父亲是一位自由职业者，平时很忙，周末也不在家，母亲在小王5岁的时候与其父亲离婚改嫁他人。小王读小学的时候寄居在姑妈家。他的童年缺少父爱和母爱，更缺少来自父母悉心的教导。他对父亲虽不顶撞，却也不听父亲的教诲。读初中后，他平时住在学校里，周末回家也很难见到父亲，只有奶奶在家。小王在周末只是疯狂上网、玩游戏。

经过一个月的观察、了解和分析，我发现在小王身上表现出来的种种行为有以下几个方面的特点：一是大错不犯，小错不断。他的小错就是行为不规范，这是因为缺少行为规范教育和家庭教育环境。二是他的问题带有一定的情境性，主要集中在课堂和宿舍两个场所。课堂上的问题归结起来就是无心学习而衍生的其他行为问题，如随意说话、睡觉、看课外书、走动等。宿舍的问题主要是因为没有养成按时作息的习惯，缺少公德意识而导致的行为偏差，如持久性的说话、串门、打闹等，影响他人休息。除了课堂和宿舍外，其他方面的行为表现正常：对人礼貌，为人性格爽朗，积极参加课外活动，周末下课自觉乘车回家，不在外面逗留，不结交社会上的朋友，不吸烟，不闹事。三是他的违规很多时候都是缺乏自控力的表现，是无意识和习惯性的行为，重复率很高。

我开始接近小王。为了显得自然些，我不是当他违规的时候找他，而是平时课余时间找他，但如果他犯了比较严重的错误，就必须马上处理。为了维护他的自尊心，我习惯叫他到我办公室

第六章 案例解析问题学生的行为问题

单独谈心，每次 10 到 15 分钟。以下是几次谈话片段。

（一）

"你在哪里读的小学？"

"在北京。"

"好令人羡慕的城市呀！你喜欢这里还是北京？"

"当然喜欢北京。"

"为什么？"

"我在北京读书的时候，老师从来不骂我，来这里经常被老师批评。"

"你知道老师为什么批评你吗？"

"知道，我上课和同桌说话了。可是我在北京上课说话，老师不说的。"

我心里想这应该不太可能，不过没说出来。我又问：

"你姑妈怎样要求你？"

"叫我努力学习，只要我成绩能进班上前 5 名，别的事情她都不管。"

…………

（二）

数学老师把小王带到我办公室，很生气地说："小王上课扔纸飞机。我说他，他还不承认，这事交给你处理吧！"

我示意数学老师离开，让小王留下。

"请你把事情的经过说一遍。"

"上数学课的时候，不知道是谁的纸飞机飞到我头上。我把它捡起来就往上扔，结果老师就叫我站起来，说我不听课，在扔纸飞机。我向老师解释不是我的飞机，老师不信，还说我撒谎。"

"你的确是扔了飞机，对吗？"

"是。但飞机不是我的。"

"不管飞机是谁的,只要你在课堂上扔了就是违规了,懂吗?"

"知道了。"

…………

(三)

"有同学反映你这几天上课说话,不交作业。有这回事吗?"

"有。"

"你知道上课不能开小差吗?"

"知道。"

"那你是明知故犯,为什么会这样?"

"听课太无聊了。"

"那你觉得做什么有意义?"

"跟同学聊天。"

…………

以上几则谈话的内容,比较真实地展现了小王当时的思想动态、认知水平和价值取向,也揭示了问题行为形成的根源。这让我更进一步了解了他。在多次平等友好的交谈中,我已经摸清了小王的行为习惯,他也逐渐理解了我对他的关心和教育。为了巩固教育效果,我们商定,每天下午放学后他到我办公室向我讲述班上的一个新闻。我也有意在谈话中向他渗透做人的道理、处事的原则和读书的意义等。他逐渐明白了一些道理,开始主动和我搭话,我成了他的知己和倾诉对象。有时候,他一天到我办公室两三次,话题越来越多,我也渐渐觉得他越来越可爱了……就这样,一个月的时间很快又过去了。

阶段考试后,学生都有放松一下的念头,也是思想和纪律容易出问题的时期。小王的考试成绩在中上水平,我主动找他,说:"你进步不小啊！好好表现，争取期末能获得进步奖。"他很高兴地说："老师，我会努力的。"根据他的性格特点，如果没有规则去制约他的行为，他的学习热情或许很快就会消失。为了保证教育转化的效果，我要求他单人单桌，以减少外界干扰，并和他一起制定了"一日常规"，每天对照一次，好则加分奖励，不好则扣分，放学后他会留下半个小时，接受规范培训，培训的内容有朗读"班规校纪""一日常规"和《中小学生守则》《中学生日常行为规范》，背诵名言警句、古诗词等。

解决学生的问题，说时容易做时难。虽然我们之间早有"协议"，小王还是时常违规。他虽然不情愿，但还是能按规矩办事，接受规范培训。因为他已经在培训中受到教益，能理解老师的良苦用心。有一次自习课上，小王拿粉笔头打人，闹得满堂沸腾，场面混乱，严重影响了同学们的学习。下午放学后，我正想去找他的时候，他低着头向我的办公室走来了。我有预感，他闯祸了，也许他是主动来向我道歉的，但我只是问：

"有事找我？"

"是的，刚才的自习课，我扔粉笔头，我错了，来向您认错。"

听了这话，我没有生气，因为他很诚实，说实话，知错能改，这本身就是一种进步的表现。

"有什么要求？"我笑着问。

"请求处罚。"

"那就这样吧，你一个人把教室的桌椅摆整齐，然后一个人把教室的地板打扫干净，最后，你一个人把垃圾拿到楼下倒掉，然后到我这里来。"

"行。"

我看得出他不好拒绝又不太乐意，说完就转身去忙了。大约

40分钟后，他满头大汗地出现在我面前，说："教室打扫干净了。"我到教室转了一下，的确扫得很干净，我心里称赞他的认真与负责。我觉得小王已经转变了很多，虽然仍有犯错误的时候。

"老师，今天培训什么？"他又主动开口了。

我还在想着他的变化，思绪被他的问话声打断了。

我看了一下时间，18点15分，我拍着他的肩膀说：

"你的行动足以说明你悔改很有决心。时间不早了，回家去吧。"

我第一次违反"游戏规则"，破例放人。那天我的心情很好，突然想起一句话："有时打破常规未必是坏事。"

由于第三个月赏罚兼施，监督得力且落实有效，小王深切体会到"没有规矩不成方圆"的道理。临近期末，在一次班会上，全班同学选举产生感动师生的班级人物，小王是其中的一员。我还向大家讲起他一个人打扫整间教室而汗流浃背的故事，全班报以最热烈的掌声，这让小王感到很突然，然后他很不自在又很得意地笑了。直觉告诉我，他信任我、感激我，我这些举动能抚慰他、激励他。就这样过了近半年，终于，在寒假的一天下午，小王的父亲与小王一起到我家来，父亲讲述了孩子的变化与进步，并说了一番感谢我的话。

在教育实践中，孩子的进步总是曲折迂回的，总是循序渐进的，总是螺旋式上升的，总是需要老师一直关注着的。小王就是如此，上课有时还说话，作业有时完不成，在宿舍有时不午睡……但老师们对他的批评越来越少了，更重要的是他越来越能以正确的心态来面对老师的教育与评价了。

二、案例评点

（一）严重缺乏行为规范的问题与危害

这个教育案例反映的是严重缺乏行为规范的问题。案例中的小王严重缺乏学生应遵守的行为规范：上课经常开小差，看课外书，或者趴在书桌上睡觉；自习课上不做作业，随意走动；在宿舍不按时作息，常常说话打闹；周末回到家既不做作业，也不复习学过的内容，只是上网或者玩游戏。个别中学生严重缺乏行为规范是长期困扰中学教育的一个难题。如果教师忽略学生的这些行为问题，对学生的行为偏差不能给予足够重视，没有采取得力措施进行积极矫正，这样的学生就很难融入班集体，很难与别人建立和谐的人际关系，很难获得基本的学习能力，很难完成基本的学业，日后进入社会也会面临更大的人生难题。总而言之，没有规则，寸步难行，没有规则，一事无成。

（二）缺乏行为规范的具体成因

1. 父母离异

父母离异对孩子是一个严峻的心理挑战，生活在这样家庭的孩子容易出现行为与心理问题。苏联教育家 A.S. 马卡连柯说："没有父母的爱培养出来的人，往往是有缺陷的人。"小王父母的离异对他人格的早期培养造成了很大的负面影响。他总觉得自己很倒霉，不能像同学一样有幸福的家庭。他的行为发展出现了偏差却得不到父母的及时纠正，自由散漫成自然。

2. 家长忽略孩子良好品行的培养

小王读小学的时候住在姑妈家，他的姑妈鼓励小王提高学习成绩，却很少关注他的品行培养。由于家庭教育的缺位，没有为孩子良好品行的养成奠定坚实的基础，这种只重成绩，忽视行为养成的教育方式，严重违反了教育规律和孩子的成长规律。

3．教师缺乏爱心

教师对孩子的成长起着举足轻重的作用。小王一进中学就表现出种种行为问题，绝不是一朝一夕形成的，他的问题应该是在读小学的时候就已产生，而小学恰恰是孩子的人生奠基时期。由此可见，他小学的老师对他的行为问题负有一定的责任。

（三）严重缺乏行为规范学生的教育策略

1．深入了解学生的真实情况

了解是教育的前提，一方面家长要了解自己的孩子，另一方面教师要了解自己的学生。许多家长和教师在教育子女和学生方面失败的原因大都与不了解教育对象有关。案例中的教师先花时间了解了小王的行为习惯，使得之后的教育行为从实际出发，有针对性，也收到实效。

2．培养学生的规则意识

学生经常违规，其原因一方面是校规多，要求高；另一方面是孩子天性好动，自控能力差，并非有意抵触规则。我们要用规则去规范学生的言行，从小教育学生要有规则意识。俗话说：没有规矩，不成方圆。在对学生的教育中，道理要周周讲、天天讲，向学生渗透规则意识；班级管理中，要班规明确，一切按照规则办事。教师要以身作则，严格按规则处理班中事务，率先垂范，树立榜样；家长与老师要形成共识，教育孩子遵守各种公共秩序、各种活动规则。家校合作，做到是非明确，赏罚分明，让孩子生活在一个有规则的环境中，慢慢地他们就会有规则意识，培养出遵守规则的自觉性。

3．积极鼓励

人们常说："好孩子是夸出来的。"心理学研究表明：热情期望会产生积极效应。孩子的自信很大程度上来源于父母和老师的鼓励，父母和老师的期望将是孩子前进的动力源泉。案例中的班主任面对违纪的学生，十分冷静，不发脾气，不打击挖苦学生，而是耐心倾听，在期待中教育学生。V.A.苏霍姆林斯基曾说过："每个孩子都会有觉醒的过程。"家长和老师要学会期待，要有耐心，特别是要等待那些问题学生的觉醒。在孩子的成长过程中，如果我们能够以一颗宽容的心给予鼓励，耐心期待，培养他们的自信和自尊，你的期望将在很大程度上决定孩子的未来。

（四）教育中应注意的问题

1. 教育方法切忌简单粗暴

育人不易，教育不守纪律、屡犯错误的学生更不易。如果不讲究方法，只是简单粗暴地施教，是很难达到教育目的的，有时还会适得其反。以为学生年龄小，想骂就骂，势必造成学生的逆反心理，反而事与愿违。

2. 教育转化工作切忌急功近利

问题学生的问题很多、很复杂，我们要充分认识问题学生教育转化工作的艰巨性和长期性。在转化问题学生的过程中，常会遇到这样的情况：一是"旧病复发"，二是收效甚微。如果我们没有充分的心理准备，会很容易丧失对他们的信心，甚至会以为他们"无药可救"，从而降低教育效果。

第三节 说 谎

极少数学生存在着爱说谎的问题。他们不仅骗父母，也对老师和同学撒谎。这不仅影响了他们的学习，也逐渐使他们的诚信缺失。人没有诚信，怎么能在学校里和未来的社会上立足呢？帮助爱说谎的学生纠正不良思想和行为，在他们心理树立诚信意识，找回真实的自我，是每一位教师的责任。

一、教育案例

说谎"高手"

秋季刚开学，班里转来一名男生，他的名字叫小符。他从开学第二周就显露出了说谎的行为，而且每次说谎都脸不红，心不跳，若无其事，看得出他是说谎"老手"。

在开学后第三周的一天晚自习课上，我站在讲台上观察学生学习的情况，看到坐在后排的小符正在玩手机游戏，根本不学习。我沉住气，不动声色。下课后，我叫小符到我的办公室来。

"你的语文作业做好了吗？"

"做好了。"

"拿给我检查。"

"不是明天才交吗？"

"我只是想了解一下你的作业情况。"我已经知道他说谎了。

"明天检查可以吗？"

我不想过早揭穿他的谎言，想让他再"表演"一下，顺便了解他的一些情况，就说："好吧，希望你说的是实话。"

他不出声，只是点点头。

"我还想问你一个问题，希望你讲真话。"

"嗯。"

"你有手机吗？"

"没有。"他回答得很自然，没有一点儿破绽。

"有没有在课堂上使用过手机？"

"没有。"他说得很镇静，看不出是在说谎。我已经意识到他说谎太老练了。为了慎重起见，我没有继续追问下去，请他把今天的谈话内容记下来，便让他回去了。我决定先了解一下他的家庭及他的情况，然后再考虑对他的教育。

在和他妈妈的交谈中，我得知小符出生在一个知识分子家庭，三代单传，从小受全家宠爱，家长在生活上对他百依百顺。上学以后，他的不合理要求越来越多，稍有不顺便对父母大声吼叫。到了初一，为了能满足自己的一些不合理要求，他设法欺骗父母。当他第一次说谎成功后，就经常编谎话蒙骗父母，而且总是很容易过关。到初二，他经常吵着向父母要钱，拿不到钱，就离家出走。一旦骗到钱，他就在外吃喝玩乐，夜不归家。两代人经常吵架与赌气，关系日趋紧张。久而久之，孩子性格变得孤僻，冷漠暴躁，已经无心学习，经常逃课上网，吸烟，进歌舞厅等。当父母意识到问题的严重性时，情况已经很难扭转，孩子已经处于失控状态，最后被迫转学到这里来，希望新的环境能让他有所改变。我看得出他妈妈的痛苦与无奈，她把挽救孩子的全部希望都寄托在我的身上。我顿感压力巨大，也很同情这个家庭，决定把小符定为重点教育转化的对象。

我和小符的妈妈定下这样的协议：我们保持密切联系，但是不能让孩子知道；她在教育孩子时遇到困难一定要和我联系；在家里，无论孩子怎样无理取闹，都不要和他争吵，要保持克制；双方要及时通报孩子的异常表现；和孩子谈话始终围绕诚信和规则两大核心。

我给自己定了一个针对小符的教育原则：宁可放过十次，不能冤枉一次；不做没有把握的事情。

必须揭穿他在我面前编造的第一个谎言，铲除说谎的土壤。我把和孩子第一次谈话的情况向他妈妈讲述了。据她说，小符有时放学后不回家，就给她发个短信，使用的是同一个号码。我让她查一下手机的机主，结果显示正是小符，开通时间是9月10日。我还要求她在上课时间一旦接到孩子的短信，马上告诉我具体的接收时间。有一天上午，她告诉我孩子给她发短信了，发出时间正好是上数学课的时间。我感觉时机已到，下午放学后叫他到我办公室。

"希望我们的谈话是坦诚的。"

"嗯。"

"你今天在课堂上有没有使用手机？"

"没有。"他的语气很坚定。

"你说的是真话？"

"是的。"他以为我唬他，不当一回事。

"有人说你在数学课上使用手机了。"他想不到我会这么清楚他的情况，耳根一下子红了起来。

"只用了一次。"他说话的神情十分尴尬。

"给谁发信息？"

"我妈。"这是真话。

"手机是你的吗？"

"不是，我借同学的。"回答很干脆，我想他说谎是不考虑后果的。

"你说的是真话？"

"真的，这回我没有骗你。"我想他说谎已经成了一种习惯，为了逃避惩罚，到了不以谎言为耻的境界。

当我说出这个手机的机主和开通时间时，他一下子像蔫了的树叶，抬不起头了。

"手机是我的，您真厉害。"

根据班规第五条"上课使用手机、随身听等，一经发现，上

第六章 案例解析问题学生的行为问题

缴到班主任处并由班主任代管至期末方可领回。如急需，可请家长代领"，我没收了他的手机。

"当我要找你的时候，我已经清楚你的情况了，我只是想试探你的诚信而已。我们师生没必要欺骗对方，应该以诚相待，这是做人的道德底线。"他静静地听着，我继续说：

"你在家是不是也经常欺骗父母？"

"不骗他们，我就拿不到钱，就不能出去。"说到父母，他十分愤怒。

"你最不满意父母哪些做法？"

"说话不算数。我做什么事情他们都干涉，一点自由都没有。"

"你经常说不想回家，为什么？"

"回家整天和我妈吵架，没意思。"母子关系的确很僵，我想他们双方都需要做思想工作。

"作为晚辈，即使长辈有些做法不对，还是要尊重长辈。他们的动机也是好的，不能对他们大吼大叫，应该合情合理地向他们表达你的要求。如有分歧，大家可以商量，要讲道理，不能感情用事，更不能为所欲为。请你记住，两人一旦发生争吵，双方都有错。现在你要检讨自己的不足之处。至于父母的问题，我会给他们指出来。请你把今天的谈话记下来。"

我想，他在这里第一次说谎就碰壁，对习惯于说谎的他来讲，也许并不服气，还会和我赌一把，我也对他提高了警惕。期中考试前，大家都在忙着复习，他却无心学习。我发现只要他上课走神，准没什么好事，要么在计划下一个"活动"，要么在编造更多的谎言。

有一天中午，小符妈妈说小符没有回家，我估计他去网吧了，到网吧一条街去找他，果然在一家网吧里见到他正在玩网络游戏。我没有惊动他就离开了。下午，他迟到了20分钟，一身烟味，两耳通红。

"为什么迟到了？"

"睡过头了。"他又开始故伎重演了。

"家人不叫你吗？"我故意问。

"他们都上班了。"这是天衣无缝的谎言。

"看你的样子一点儿都不像。"

"不是睡过头怎么会迟到？"他依然在抵赖。

"有人看见你中午泡网吧去了。"

"随便你怎么说。"他还是不承认。

当我说出他所在的网吧和具体位置时，他不说话了。

"没有冤枉你吧。"

"没有。"就这句是真话。

我暂时不想和他说太多做人的大道理，想先慢慢熄灭他撒谎的气焰。看样子他还很不服气。

很快，期中考试结束了。小符由于不爱学习，考试成绩排在全班倒数的位置。开家长会的前一天，我特意检查了学生通知家长的情况，我让已经通知家长的学生举手，小符也举手了。第二天开家长会时，小符的家长没有来，原来他并没有通知家长来开会。

由于期中考试成绩太差了，小符被父母训了一顿，上学时闷闷不乐，也越来越不想上课了，总想着玩。一天上午下第二节课后，他垂头丧气地给我递了一张请假条，说是头晕想回家休息。

我在五楼的窗口看见他走出校门口，整个人一下子精神起来，小跑着出去了，我估计他上网去了。我把他请假回家的事告诉了他妈妈。结果，他下午一点才到家，与请假时间间隔了将近5个小时。下午他回来上课了，放学后，我又找他谈话了。

"你上午请假并没有回家，去哪里了？"

第六章 案例解析问题学生的行为问题

"我回家了,不信你可以问我妈。"他一副严肃认真的样子。

"你出了校门,并没有直接回家,这是事实,你承认吗?"他在我这里已经碰壁多次,不敢再狡辩了。

"我上网去了。"这也许是真话,我没有去证实。只要他承认出了校门没有马上回家,我的谈话目的就达到了。

临近期末了,有好几次,我发现他中午没有马上回家,还在教室学习。我以为他有所转变,也没在意。但有一天中午,当我来到教室门口,只见小符和一名外班的女生坐在后排,他正用手玩那女生的发端,感觉两人很亲密。我悄悄离开了。晚自习后,我找到他。

"这几天,我发现你有很大变化,中午放学都留在教室学习。"

"期末快到了,我要抓紧时间学习。"

"这是好事,祝愿你期末考出好成绩。"他听了我的话,只是讷讷地点了点头,有点心神不定。

我决定彻底摧垮他的谎言堡垒,给他一个"致命的打击"。

有一天上午,他告诉父母他中午不回家,和同学在外面吃饭。中午放学前,我就在校门外等着,想看看他要去哪儿。快12点半了,还没有看见他出来。我转而来到食堂吃饭,却发现他和那名女生正面对面吃饭。他又说谎了。

下午,我找他过来。

"你妈说你中午没回家,是吗?"

"我跟她说过了,我在外面吃饭。"

"为什么要在外面吃饭?"

"同学请客。"

不能再让他继续表演了。"你所说的都是假话。"他的脸一下红了,他想不到我会这样说,"老实说,你中午在哪里吃饭?"

"在食堂吃的。"

我把我手写的他前后七次的谎言记录拿出来，让他从头到尾看一遍，他看着看着低下了头。

"老师，对不起，我总是在骗你，你为什么不骂我？"他好像变了一个人似的。

我细细地指出了他几次说谎的动机、心理，分析了他说谎的恶劣后果，鼓励他正视自己，今后拒绝说谎，做一名勇于担当的人。他听得很认真，我发现他从来没有这样认真听讲过。

后来，小符在写给我的信中说："老师，您真了不起。我犯了这么多错误，您从来没有骂过我。我编了这么多谎言，都瞒不过您。还有，我长这么大，头一次听到妈妈向我认错，我好感动，她现在的脾气比以前好多了。感谢老师挽救了我，让我有了重新向上的勇气。我会努力改变自己的。"看完信，我的心情十分愉快，他真正开始变化了。我知道这是一个人在得到别人充分理解和信任之后的一种感动。

从此以后，小符上课专心了，学习刻苦了，也得到了同学和老师的信任和喜爱。

二、案例评点

（一）说谎的问题与危害

上述案例反映的是学生说谎的问题。小符说谎可谓老手，"随机应变""临危不惧"。他自己深受谎言的毒害：说谎使他心神不定，情绪暴躁，这会危害身心健康；为了编造谎言，要绞尽脑汁，分散精力，影响学习；撒谎使他慢慢缺乏责任感，失信于他人。一个人失去了信誉是很可怕的，"人无信不立"，不讲信用的人会在社会上孤立无助，处处碰壁，被他人看不起，无法在社会之中立足。

（二）说谎的具体成因

1．家教不当

家庭环境对孩子成长的影响是非常重要的。若父母经常骗孩子，常说话不算话，企图用许诺、威胁、恐吓的谎言来暂时稳住孩子的心，这是非常不好的行为，实际上是给孩子起了一个不良的示范作用。有的家长溺爱孩子，顺从孩子许多不合理的要求，或对孩子有过高的期望。久而久之，当孩子的要求得不到满足或者孩子达不到家长的期望时，他们就会常以说谎的方式欺骗家长和老师。案例中的小符是独生子，被父母捧为掌上明珠，养成了很多不良习惯，他贪玩，不想学习，在许多要求又得不到满足时，就使用欺骗的手段满足自己的欲望。

2．逃避惩罚

有的学生做了错事，损坏了公物，或者违反了校规、家规等，有一种本能的意识就是自我保护。为了逃避责任和惩罚，他们就会编造一些谎言，以求蒙混过关。案例中的小符在课堂上使用手机，又怕手机被没收，只得说假话，谎称自己没有手机；不叫家长来开家长会，对老师撒谎，是因为自己成绩太差，怕面临父母的责骂。

3．社会风气的影响

目前社会上的一些虚假事物，以及人际关系的信任度下降等现象助长了是非分辨能力较差的中学生说谎的意识。

（三）说谎学生的教育策略

1．加强诚信教育

诚实守信是中华民族的传统美德。诚实的品德有助于中学生正确处理各种人际关系，有助于他们采取正确的行动去解决人生道路上遇到的各种困难和问题。教师要加强对学生的品德熏陶。

一是要加强思想教育，可以采取主题班会、情景表演、案例分析、专题讲座等多种活动形式对学生进行诚信教育，帮助他们理解诚信在人生中的意义与作用，鼓励他们做诚实守信的社会公民。二是要发挥教师、家长、学生的榜样示范作用，要加强家校联合，诚实守信，以诚待人，给学生树立良好的模仿对象。

2. 营造和谐环境

家长要营造温馨和谐的家庭环境。要求过严，惩罚过重，往往是孩子说谎的直接原因。家长要树立科学的成才观，教育孩子要多些"平等"，少点"专制"，尊重孩子的人格尊严，允许孩子犯错。家长要多讲道理，少些唠叨，多些沟通，不要打骂。孩子生活在独立自主的空间里，就会少说谎，甚至不说谎。教师要营造宽容、平等的学习环境，要做到严而有爱，爱而有方。爱学生就像爱自己的孩子一样，允许学生犯错，宽容学生的错误，给他一个甚至多个改过的机会。教师要做学生的知心朋友，平等对话，充分尊重学生的个性和见解，经常与学生讨论学生关心的热点重点问题，做学生思想的指路人。这样，学生就会信赖老师，会主动找老师谈心，交流思想，从而养成诚实守信的美好品德。

3. 了解说谎的原因

当怀疑学生说谎时，首先要认真调查取证，弄清楚学生是否真的在说谎，说谎的原因是什么。教育说谎的学生，一定要及时、全面地了解事实真相，做到胸有成竹。这样才能不冤枉学生，能一针见血地指出其说谎行为。其间，教师要心平气和地向学生讲清楚说谎的种种利害，既要给他改过的机会，又要堵住其说谎的口子。也就是要有针对性地进行疏导与教育，用比较委婉的口气和迂回的方法教育学生，从而妥善地解决问题。案例中的老师每次对付小符的谎言之前，都要想方设法了解真相，因此每次都能进行针对性教育，并取得很好的教育效果。

第四节　顶撞教师

有些学生会顶撞教师，使教师难以容忍。如果是偶然的一次，教师往往能原谅。但如果学生经常故意顶撞教师，那就成为一种教学问题了。这种现象的背后一般都会有复杂的原因。

一、教育案例

有一天，教数学的张老师带小张同学来到我的办公室里。张老师怒气冲冲，小张愁眉苦脸。小张又顶撞老师了，这是我的第一反应。

"这节课数学考试，他趴在桌子上睡觉。我叫醒他两次了，他还睡。我第三次把他推醒时，他就在班里大声对我吼叫：'滚开！'声音可大了。同学们，还有我，都被他的叫声吓了一大跳，气得我不得了。不过我忍住了，不能影响其他学生考试。你要好好教育教育他！"张老师很生气地向我诉说着这件事。"我会处理的，请放心。"我说着便起身送张老师出了门。

"坐下吧，不要哭，刚才张老师说的是事实吗？"我心平气和地问，看到小张在哭，我给他递了一张纸巾。

"她只说对了一半。"小张边说边抽噎着，"我根本就没有睡觉，她乱说的！"他显得很不服气。

我猜测他们之间也许产生了一点误会。为了弄清事实真相，我要继续往下问。

"考试的时候，你做题了吗？"

"没有。"声音很小。

"你在做什么？"

"我只是趴在桌子上，没有睡觉，可是张老师硬说我在睡觉。"他还是有点不服气。

"班规对'上课趴桌子'是如何处理的，还记得吗？"

"好像是……当作睡觉来处理吧。"他想了一阵才说出来，而且不太肯定，显得有点不好意思了。

"还要扣分。"我补充，"上课睡觉扣几分？"

"忘记了。"他声音很小。

我拿出班规让他读给我听。他把班规全部念了一遍。然后我问他："你现在还生张老师的气吗？"

"不生气了。都是我不对，我不该顶撞她。"他显得有点愧疚了。

"你可别忘了主动向张老师赔礼道歉。"

"知道。"

我接着又问："大家都在考试，你却趴在书桌上，为什么？"他低着头不说话。我估计他一定另有原因，我一定要设法让他说出来。于是我安慰他："人总会有不顺心的时候，你是不是也遇上什么不高兴的事啦？说出来，也许我能帮你。"

他微微抬起头，看着我欲言又止，好像有点不信任我似的。我鼓励他："请相信老师，我一定替你保密。"

"这也不算什么秘密。"他终于开口了。

"说出来才有可能得到别人的理解和帮助。"我进一步鼓励他。

"我说了，请您不要告诉我爸爸妈妈我没有考数学，好吗？"

"你尽管说吧，我答应你。"

"今天早上，我向妈妈要钱，说晚上去参加一个同学的生日会，妈妈却只给了一点点。我一肚子气来到学校，坐在教室什么也听不进去。看到试卷，我更烦了，干脆趴着。没想到张老师硬说我睡觉，我也不知道当时为什么会对她说出那样无礼的话，现在想想真对不起她。"可以听得出，小张的怨气在倾诉中消散了许多。冷静之后，他认识到自己言语过激，有了愧疚感。我让他把事情的经过和对事情的认识写了下来，然后叫他回去上课了。

看着小张写的材料，我在想为什么会发生学生顶撞老师的事情，如何帮助小张解决好顶撞老师的问题，同时以后杜绝类似行为发生。想来想去，觉得还要从解决认识问题入手。

下午自习课，同学们正在认真学习。我的突然出现使大家吃了一惊。我说："同学们，这节课我们开一个讨论会。""讨论什么？"同学们没等我说完就插话了，显得十分兴奋。"今天讨论的问题是：学生为什么要顶撞老师？"教室里顿时热闹起来，学生们好像突然发现新大陆似的，私下早已叽叽喳喳讨论开了。我提出了讨论的要求："以小组为单位进行讨论，时间为10分钟。最后，请一名代表归纳陈述讨论的结果。"10分钟后，我说："讨论到此结束，请发言的代表做好准备。"四个组的发言代表都把手举起来了。我要求他们按次序发言。

"首先请第一组的代表发言。"

"我们组认为学生顶撞老师的原因是老师偏心，袒护成绩好的学生，鄙视成绩差的学生。我们组的小A有过这样的经历。有一次上英语课，英语课代表迟到了，老师非常和蔼地对她说：'快进来，以后不要迟到了。'而小A迟到了，老师就非常生气地对他说：'你迟到了，在门口站5分钟！'同样是迟到，英语课代表因为成绩好而得到老师的理解和宽容，小A因为成绩差而被老师训斥和罚站。小A看在眼里，记在心上，对老师的不公正待遇十分不满，产生了抵触情绪，萌发了顶撞的念头，于是在英语课堂上经常寻找机会顶撞老师，专找老师的碴儿，故意跟老师作对，以此宣泄私愤。"

"请坐。接着请第二组的代表发言。"

"我们组一致认为，学生顶撞老师的原因是情绪不好又被老师误会。以我为例吧，有一次上生物课，我头痛难受，无法坐着听课，就想趴在书桌上。没想到老师看到我趴在书桌上，以为我睡觉了，十分生气，大声叫我站起来，说：'看你，上课也敢睡觉！'我当时非常生气，就大声回敬了老师一句：'我没有睡觉！'就这样，我被老师轰出了课堂。"

"请坐，下面请第三组的代表发言。"

"我们组经过讨论，认为学生顶撞老师的原因是学生的人格尊严不被老师尊重。我有过这样的经历：有一次上美术课，我用彩笔涂染前桌女生的头发，老师发现后很生气地当着大家的面对我说：'你怎么这样缺德！'我感觉自己被老师当众羞辱，非常难堪，恼羞成怒，顶了老师一句：'你才缺德！'老师哪会放过我，叫我站起来。我因为顶撞老师被罚站了半节课。"

"请坐。最后请第四组的代表发言。"

"我们组的讨论结果是：学生顶撞老师的原因是有些学生个性偏执，观点极端，爱钻牛角尖，专门捉弄年轻的和年长的老师。前几天在初三三班就发生过这样的事情：一位年轻的物理老师在给学生上复习课。突然，有一名学生大声说：'不要讲这些，太简单了。'老师被那名学生的突然'袭击'惹恼了，当场对那名学生说：'请你不要扰乱课堂，我又不是只为你一个人上课。'"

"同学们的讨论十分热烈，发言积极，观点鲜明，有理有据，还有1分钟就下课了，谁愿意谈谈自己对本次讨论的体会。"我话还没有说完，小张举手了。

"同学们的发言，对我启示很深，上午考数学的时候我和老师顶撞的原因跟第二组同学所说的类似，但我觉得学生顶撞老师的根源在于学生。为了避免学生顶撞老师的事件再次发生，我们要自觉遵守课堂纪律，多和老师沟通，增进了解和信任。如果我们的言行被老师误会了，也要礼貌和气地指出，千万不要冲动，更不要恶语伤人。毕竟老师的出发点是好的。"教室里响起雷鸣般的掌声。

放学后，小张交给我一份保证书，保证不在课堂上顶撞老师，并真诚地向数学老师赔礼道歉。那场讨论会对小张触动很大，也遏制了班级中随意顶撞老师的风气，班上学生顶撞老师的现象明显减少。

二、案例评点

（一）顶撞老师的问题与危害

这个教育案例反映的是学生顶撞老师的问题。案例中的小张在课堂上与老师发生冲突，顶撞老师。小张考虑问题时总是以自己为中心，不分青红皂白，不管是非曲直，对老师求全责备，对自己放任自流，这是一种自私的表现。如果对那些有意顶撞老师的行为不及时采取有效措施加以制止，一味迁就学生，任其发展，将会严重干扰课堂秩序，挫伤教师的工作积极性，也可能在班上形成学生随意和老师顶嘴的风气，不利于培养学生健康的自我意识和尊师重教的美德。

（二）顶撞老师问题的具体成因

1. 师生之间产生误会

如果是学生误解了老师的好意，学生就会认为老师是故意为难自己，从而产生抵触情绪，顶撞老师这种行为会一触即发。如果是老师误解了学生的意思，老师就会做出不恰当的甚至是错误的判断，有时候言语过重，会直接伤害学生的自尊心，学生会有一种被冤枉的感觉，十分委屈，情绪低落，甚至怨恨老师。中小学生的自我意识逐渐增强，理智不足，容易冲动发怒，不能忍受别人的误解，特别不能够忍受老师的误解。案例中的小张在考数学的时候因为心情不好而趴在桌面上不做题，被老师误解为睡觉，很不高兴。当老师多次提醒他不要睡觉时，他怒火中烧，就顶撞了老师。

2．学生性格过分偏执

偏执的学生大多思想偏激，言语狂傲，情绪激动。这类学生自我意识较强，爱表现自己，喜欢出风头，大都脾气犟、傲慢，爱找碴儿，不把老师放在眼里，经常刁难老师，尤其爱捉弄女教师和老教师。当老师的观点和他们不一致时，这些学生就会顶撞老师，让老师难堪。教育案例中讨论会上学生所讲到的初三学生顶撞物理老师的事情就属于这种情况。

3．老师偏爱特定的学生

有调查显示，学生最不喜欢偏心的老师。偏心是一种不公平。比如好学生犯了错，老师一般和风细雨，耐心教诲，而问题学生犯了错，老师则大声训斥。对学生的不同态度，会使问题学生产生严重的逆反心理和抵触情绪。他们认为教师很不公正，不尊重他们，内心很不服气，所以当教师批评他们时，他们会借机顶撞教师。教育案例中的讨论会上学生所说的英语老师，就是因为在处理迟到学生问题上偏心才被学生顶撞的。苏联教育家A.S.马卡连柯说过："要尽可能地尊重一个人。"其实人人都渴望被尊重，青少年更是如此。他们渴望得到家长和同学的尊重，更渴望得到老师的尊重。而教师有时对学生是不够尊重的，尤其在情绪不好的时候，很容易大声训斥、讽刺挖苦学生。当这种不尊重的行为严重挫伤学生的自尊心时，学生必然会被激怒，从而顶撞老师。

（三）教育策略

1. 保持克制，冷静对待

保持克制能使人沉着理智，头脑清醒。案例中的张老师遭到小张的顶撞时，没有在班上和他争吵，而是保持冷静和忍耐，理智地把他叫到办公室，请班主任协助处理。这样做既稳住了小张，又不影响其他学生的考试。因此，当教师遇到学生顶撞自己时，不管是在课堂上还是在私底下，首先要保持冷静和克制。因为学生顶撞教师时的情绪是很激动的，言行有时会失去理智，教师要镇定冷静，避免事态恶化，然后在课后在办公室或其他场合对学生进行开导教育，效果会更好。这是解决这类问题的第一步。

2. 放下架子

有时候出现顶撞事件，原因不全在学生，教师也会犯错，或者批评的言语过重，或者处理事情不公正，或者误解等。这时，教师就应该放下架子，反省一下自己的教育教学行为是否有问题，是态度比较粗鲁，还是方法过于简单。如果是自身的问题，教师应当诚恳地承认错误并向学生道歉，求得学生的谅解。案例中学生讲到的英语老师，如果能反省自己的行为，主动找学生谈心，承认自己的不足，让学生意识到教师的反思，从而也会承认自己的错误，就可以避免顶撞教师的事件反复发生。案例中小张的班主任的做法相当值得借鉴。当张老师带着小张来告状时，虽然班主任也很丢面子，十分生气，但还是强忍心中的怒火，放下架子，充分尊重学生，给他倾诉和辩解的机会，和学生促膝长谈。这样，学生的怨气在谈话中消散，师生的误会在谈话中澄清，问题也在谈话中得到了解决。

3．动之以情

学生顶撞教师的原因很多，有学生的原因，也有教师的原因。在排除教师的原因，确定属于学生的错误之后，教师应该及时与学生谈话，讲清学生应该尊重教师的道理。案例中的班主任为了帮助学生认识顶撞教师的错误，和学生深入交谈，动之以情，晓之以理，同时采用全班讨论的办法，让学生们客观地分析学生顶撞教师的原因，让学生学会理性地处理这类问题。班主任在处理顶撞事件时，要和当事者讲清道理，让学生心悦诚服，并且要区别对待：如果学生心情不好，教师应当同情、理解和安慰；如果学生蒙冤，教师应当主持公道，尊重事实；如果学生误会教师的好意，教师应当解释清楚以消除成见。

（四）教育中应注意的问题

1．不要感情用事

发生顶撞事件时，双方火气都很大。教师为了维护面子，往往会大发雷霆，情绪激动，言语过激，容易激怒学生，使冲突进一步升级，可能导致双方失去理智，做出过激行为。因此，面对冲突，教师首先要克制自己，设法让学生先冷静下来，不要影响正常上课和教学秩序，等到课后再处理，效果会好些。

2．避免正面冲突

教师在大庭广众之下被学生顶撞，很容易出现尴尬局面。这时，老师千万不要和学生较劲，以免学生情绪失控，做出一些让老师难堪的事情，如辱骂老师，甚至动手打人等。明智的教师这时候应该找个借口缓解紧张的气氛，使学生对老师的豁达胸襟产生认同和钦佩之情。

三、故意顶撞教师现象的教育案例

学生顶撞教师，在绝大多数学校都会存在。有这类问题的学生往往情感脆弱、意志薄弱、躁动不安，时常摆出一副目空一切的架势。为了表现自己的"能耐"，他们经常故意顶撞教师。能否做好这类学生的教育工作是对教师修养与智慧的检验。

【案例】

小伟的故事

我正在食堂吃早餐，碗里的米线还没吃一半，班长就气喘吁吁地跑来找我。"老师，老师，您快去看看吧，教室里又打起来了。"我知道肯定又是小伟带的头。我赶忙放下手中的筷子，三步并作两步冲向教室。

我刚到教室门口，就听到里面一片乱哄哄的声音，还夹杂着"打""打得好""用力打"的起哄声。我冲进教室，一把拉开小伟，大声喝道："住手！"起哄的学生被震住了，大多数学生都安静地回到了自己座位上。我正想把打架的两个学生带回办公室问话，没想到小伟冲着我就喊："我不是你的学生，你不要管！"说完，他转身就冲出了教室。看着小伟怒气冲冲跑出去的背影，我不禁想到第一次见他的情景。

第一次接手这个班，我走进教室时，一个矮矮壮壮的男生就吸引了我的注意。其他的学生都睁着无邪的大眼睛，好奇地打量我这个新老师。只有那个男生非常漠然地看着我，那眼神分明有一种挑衅。他就是小伟。

以后，小伟的这种表现让我不得不更加注意他了，因为他的故意顶撞常常让我心里堵得慌。一次，我走进教室，看到地板上赫然躺着几张揉皱了的纸团。我问谁扔的，一个男生说是小伟扔的。我转向他，顺口问是不是他扔的，为什么不扔到门口的垃圾桶里。我话音刚落，小伟马上喊起来："是我扔的，怎么样？"还有一次，我正在听写，其他学生都在低头写着，小伟不紧不慢地玩着手中的圆珠笔。我走到他身边，用手敲了敲他的桌子，没想到他一抬头就瞪着眼睛冲我大声喊道："你干什么？神经病！"他的大嗓门吓了我一跳。

在学习上，小伟从来都是应付了事。尤其在书写方面，我只能把他写的字叫作"天书"，每次批改他的作业，就像是考古似的很费眼力。我在他的作业本上没少写"书写不工整"这几字，他却把我的评语作为描红的字帖，很细心地把那几个字描了一遍。我指着他描过的字责问他，他可是很大方地说："老师，您的字很潇洒。我这是在练字呢！"

在老师的心中，小伟实在不是招人喜欢的学生。可他却特别有号召力，身边总有一群"仰慕"他的学生跟随左右。今天的打架事件，仅仅是因为同学之间一个小小的玩笑，小伟为他的哥们儿打抱不平。

事情过后，小伟变得更加沉默寡言。除了他的"弟兄"，谁的话他都不听，谁叫他都不理。我决定对这件事情冷处理，暂时不追究，因为这会儿我和他说什么，他都是听不进去的。但暗地里我开始多方了解小伟的情况。我还找到他以前的班主任，了解到小伟属于那种经常无故顶撞教师的学生。只要能引起教师对他的注意，哪怕带来的是同学的起哄，教师的惩罚，他都感到很满足。所以，他理所当然地成为班主任心中的一块"顽疾"。从学生口中，我知道小伟的成绩一直不理想。教师们都不喜欢他，只要他一闯祸，教师们除了惩罚还是惩罚，班里的活动也不愿让他参加。可小伟在男生中的威信很高，因为他是一个很讲义气的人。看来这个孩子的心地并不坏，我一定要教育好他，何况这样还会带动一大片，他毕竟是男生心中的"老大"。要转化他，还得让他感受到老师对他的真切关怀。而我，平时对他的关怀不够，和其他老师一样，只要他一犯错，同样也是简单的说教加上没得商量的惩罚。

从其他同学口中我知道小伟家是卖鸭蛋的。我叫一个学生带我到市场，找到了他家的鸭蛋摊。我见到了小伟白发苍苍的奶奶，她正躬着腰给客人数鸭蛋。奶奶见我来了，感动地说："谢谢老师对小伟的关心！这还是老师第一次上门啊！这孩子从小就不服管教，性格倔强。父母又没文化，还要打理家里的养鸭场。这孩子让我们一家人操碎了心啊！"望着奶奶的白发，听着她的话，我心里多了一份自责——我对小伟的关心太少了，太晚了。

四、问题与危害及原因分析

（一）问题与危害

案例中的小伟经常故意顶撞教师，这种现象在班级管理中是常见的。有这类问题的学生常常无缘无故地顶撞教师，遇事不轻易认错，出言不逊，难以沟通。这类学生虽然只是少数，但如果不对他们进行教育，他们对教师的敌对情绪和顶撞会越来越严重，进而影响班级正常秩序和师生关系，给班级管理工作带来困难和阻碍。同时，这类学生在人格修养和行为规范方面会出现障碍，影响他们形成健康的人格。

（二）原因分析

1. 家庭教育的缺失

父母是孩子的启蒙老师，良好的家庭教育对培养孩子健康的行为习惯起着不可代替的作用。有的家长认为，孩子上学后，培养孩子就是学校和教师的责任。所以，这一类家长不会主动和教师交流，不能及时了解孩子在学校的各种表现。因为缺少家长的配合，教师对学生的教育就不得力了。

2．为了引起教师的关注

小伟由于学习成绩不太理想，又没有很明显的长处，很难引起教师对他的注意。因此，他只能通过顶撞老师这种极端的方式来得到教师的关注，甚至不惜破坏师生之间的情感。另外，教师的"恨铁不成钢"加"浮躁"的心理和做法反倒加剧了小伟的叛逆。每一个孩子都有自己的个性与特点，教师必须从孩子自身的特点出发，正确施教。

五、教育策略

（一）做个有人格魅力的教师

有的时候，学生顶撞教师，责任在教师身上。有的教师性格浮躁，不讲道理，所以教师首先要严于律己，学会反思，努力提高自身的性格素养和专业素质，凭着自己的人格魅力来影响学生，从而使学生亲其师而信其道。教师的人格魅力应该更多地表现在对学生的关爱、对教育的执着和责任感、对教育人生的豁达和乐观上，这些对学生会有潜移默化的影响，促使他们转变。教师首先应是个职业的阅读者和学习者，多读书，勤思考，从书中汲取更多的营养。这样不仅丰富了自己的精神生活，也滋养了学生的人生。

（二）满足学生的心理需求

经常顶撞教师的学生大都在学习和班集体中表现一般，他们往往处于边缘状态。但他们也和其他学生有同样的心理需求，那就是引起教师的关注。于是，他们故意顶撞教师。小伟的顶撞更多的是为了得到教师对他的关注，这种故意顶撞其实并无恶意，但得不到教师的正确对待，却加剧了小伟的逆反心理，使其行为变得更加不合常理。因此，教师要善于根据学生的各种表情和行为，分辨学生的问题所在，并给予必要的疏导和关注。当学生体会到教师对他的真切关心后，他心中的"坚冰"迟早会融化的。

（三）寻找学生的闪光点，帮学生树立自信心

经常故意顶撞教师的学生表面上很"强大"，其实内心是自卑的。每片叶子都有闪光的一面，在教育时，教师首先要用心发现他们身上的闪光点，充分利用这些闪光点，并使之成为转化"问题学生"的一剂良药。

（四）降低要求，搭建平台

对于小伟这样的孩子，教师不能以统一的高标准来要求他们，而应根据他们的个性特点，因材施教。教师还要善于发现他们的优点，多方面为他们搭建展示优势的平台。一旦使他们把"小聪明"转到学习和关心集体上来，他们就能主动地融入集体生活，教育也就成功了一半。

总之，这类问题学生的共同特点是出言不逊，话语出格。在开展教育工作时，教师首先要避免急躁，保持一种平和的心态。只有教师保持冷静的态度，保护学生的自尊，巧妙地回避学生的顶撞，通过分析学生各自的优点进行诚恳、用心、深入细致的沟通，才能取得转化效果。教学应该是"一朵云去推动另一朵云，一棵树去撼动另一棵树，一个灵魂去触动另一个灵魂"。在今后的教学实践中，教师应该不断地学习，不断地总结积累经验，不断地深刻反思，以独特的人格魅力教育和影响学生。

第五节　暴力倾向

中学时光无疑是人生最值得记忆的生命旅程之一。在这里，我们可以和同窗好友朝夕相处，抵足而眠，可以为一道习题的解答争得面红耳赤，也可以为一次次考试的成功而高兴，或在失意

之时相互安慰。但这些并不就是中学生活的全部。有些时候，个别同学也会因某些原因而对同学大打出手，甚至不惜用利器伤害同学。

一、教育案例

暴力事件发生之后

晚上11点半，我终于把雪兰的事处理完了。我没想到，我身边会出现原以为只会在电影里出现的群殴事件。那是上周一晚自习后，班上同宿舍的三名女生竟将另一名女生拖到洗手间里进行殴打。其中一个用皮鞋狠狠地踢伤了这名女生的大腿，而另一名女生则用穿着运动鞋的脚踩着这名女生的脖子，几乎令其窒息。如果学校里的生活老师没有及时赶到，更大的悲剧还会发生……

对这种学生之间因发生矛盾而引发的事件，我曾经的处理方法是，把当事人的父母请到学校，老师与家长共同商讨对当事人的教育。但我后来发现这并不是最好的解决方法，或许更有效果的方法是"冷处理"。这样不仅可以让有暴力倾向的学生感受到无形的不安与惶恐，以反思自己的行为，而且也可以给自己一个缓冲的时间，思考解决问题的办法。

于是，我对这次打人事件一直不做任何表示，每天照常到班上检查，不时地与其他同学说说笑笑，唯独不理睬那几个女生，并不停地暗示学校会对暴力事件做出严肃处理，组织者将面临被开除的危险，其他参与者也会受到留校察看的处分。我暗中观察她们的举动和行为，我希望几个肇事者能主动承认打人的错误行为，并在接下来的周一班会课上当着全班同学的面向被打的同学真诚地道歉和认错，给解决问题带来转机。但是，几个肇事者始终若无其事地干着自己的事，仿佛打人的事与自己无关。

第六章 案例解析问题学生的行为问题

看来，不下猛药，不能治顽疾。必须让打人的女生认识到自己的错误。若不能尽快矫正她们的行为，则会贻害无穷。于是，我把几个打人的女生叫到一起，告诉她们，处于青春期的学生，出现打斗行为本来是正常的，但如果这种打架变成校园欺凌，变成一种对别人的人格和尊严的侮辱，那么，不论是打斗行为本身还是事件性质都会变成一个社会问题。她们必须学会控制自己的情绪。我还告诉她们，摆在自己面前的路有两条：一是在班级内部处理，当众向被打的女同学道歉，并写出自己为什么会有这种打人的冲动，从什么时候开始有这种行为，原因是什么，产生了什么样的影响，采取了什么办法矫治，有什么效果等，对自己的行为进行彻底反思，然后把情况报学校，希望从轻发落；二是直接送学生科根据校规处置，结果自己承担。

在权衡轻重之后，几个打人的女生选择了前者，然后把她们所写的反思交给我，请我帮她们提出改正的方法。在自我反思中，几个人都提到自己之所以打人，主要是有时神经十分兴奋，精力旺盛无处发泄，想找一个地方释放出来。一有同伴招呼就不顾后果地冲了上去，事后也有些后悔。问题在班上终于得到了解决，被打同学也表示可以不予追究。

考虑到暴力行为已属于较为严重的心理问题，对打人的女生的心理辅导需要专业人士的帮助，我在和心理老师协商后，建议打人的三名女生到学校心理咨询中心进行咨询和治疗，争取从源头上遏止行为发生的可能性，防止此类暴力行为再次发生。

暴力的出现与处于青春期的个体精力过剩有关。为了有效转移学生的注意力，我让体育委员组织班级同学举行篮球赛、乒乓球赛等，一来可以缓解学生的紧张情绪，二来也可增进学生之间的情感交流。

由于事件的发生是在同班同学之间，这个年龄段的学生不可能完全理性地认识和处理这个问题，只要打人的余波还在，就会成为笼罩在班级上空的"蘑菇云"。因此，有必要对全班进行适当的危机干预，同时把几个打人的同学调到不同宿舍，以减少相互间的影响。

此后，我经常抽空找这几个女生谈话聊天，她们再没出现过打架行为。

二、案例评点

（一）暴力倾向的问题与危害

这个案例反映的是校园暴力事件。有这类问题的学生经常辱骂、威胁他人，打人且不顾及后果。这样的暴力行为常常发生在学生个人之间。校园暴力行为也会使学校里的每一个人，尤其是受害者，对学校产生恐惧感和不安全感，人人自危，这势必会改变同学之间亲密无间的关系。所以，对于校园暴力行为应该严肃处理，还校园以清净，让校园真正成为学生学习的地方。

（二）暴力倾向的具体成因

1. 学生缺乏自制力

具有自制力的学生，组织性、纪律性较强，情绪稳定。与之相反，缺乏自制力的学生，当遇到外界刺激时有可能引发其暴力欲望。缺乏自制力的学生大都为校园内学业的"失败者"，他们不被校园的主体文化所接纳，而内心又充满被关注的冲动，此时若出现强化这种冲动的刺激，他们的行为便不顾一切，即使后果严重，也在所不惜。

2. 学生心理异常

心理异常通常指心理活动的发展水平比同龄人低，是心理发展的一种缺陷。中学生心理异常的表现主要有妄想和性格异常。妄想是认知异常的一种典型表现，指一个人在对事物做出判断时，经常毫无事实根据、虚构地进行推断。性格异常是指人的性格显著偏离正常，不良的行为模式根深蒂固。中学生性格异常表现在两个方面，一是对待现实事物态度上的异常表现，二是在行为方式上的异常表现。态度异常的学生嫉妒猜疑，缺少同情心，对同学尖酸刻薄，容易引发矛盾；行为方式异常的学生情绪暴躁，缺乏自制力，行为鲁莽，逞强好斗，富有攻击性，常常以暴力形式宣泄情感，处理问题。

3. 不良文化的心理暗示

社会文化的负面导向为校园暴力事件推波助澜，媒体的舆论导向和宣传内容是中学生接受教育的又一渠道，而网络游戏也成为一些学生重要的娱乐形式。影视节目中暴力内容过多，某些影视片过度渲染武力、打斗和凶杀，甚至不厌其烦地展示犯罪的详细过程。这些内容所透露出来的若干信息，对青少年有一定的负面影响。

4. 学校教育的扭曲

在以升学为指挥棒的应试模式中，生命价值教育在整个教育结构中缺乏应有的地位。教育是培养社会人的重要途径，而对生命价值的尊重是作为社会人的最基本素质。不论是严重的自残行为，还是抗拒社会的暴力行为，体现出来的都是青少年对自己、对他人生命的漠视。因此，教育应从人最本质、最朴素的情感出发，教青少年懂得要遵从基本的道德底线。这种教育对正处于青春期的青少年尤为重要。

（三）暴力倾向学生的教育策略

1. 让学生学会合理、正当地释放自己的情绪

处于青春期的学生，大多精力旺盛，他们的情绪和心态都处在一个较不稳定的状态下。由于生理的变化引发体内的躁动与不安，学生非常容易冲动，严重的会产生暴力行为。因此，每一名教师应该履行的职责是，对青春期的学生进行必要的、及时的心理健康教育，引导他们学会调节自己的情绪，学会克制自己的行为。同时，教师也可以教给学生一些约束自己行为的有效办法，如：让学生用运动等方式来释放多余的精力；让学生在准备出手打人之前先从一数到十，以克制自己的冲动行为。案例中的班主任组织学生开展各种有益的文体活动，让学生可以正常释放出多余的精力，正是采取了这个办法。

2. 引导学生认识暴力行为的危害性

处于青春期的中学生对同伴关系过于看重和依赖，因而行为和做事很容易缺乏独立判断，使得他们在处理事情上出现跟风和"群体盲思"。因此，教师在日常教育中应该通过一些事例，让学生明白盲目从众会带来严重后果，并让他们学会对自己的行为负责，引导他们树立明确的是非观，形成正确的价值判断，进而纠正自己的错误行为。

3. 进行必要的干预

处在暴力危机中的个体常常会有各种担忧。因此，教师要力图从心理上打消学生的这些担心，进行必要的危机干预，从心理上帮助学生克服因事件而产生的影响，从而建立安全感。学校可以全面改善环境，塑造优良的校风。良好的校风校貌能增加学生的安全感。学校要制订安全政策、校纪校规，并要求教师和学生必须遵守；学校应设咨询电话及申诉中心，对学校暴力事件做及

时处理，对暴力者严肃处理，还校园生活以宁静。同时，学校还应对已出现暴力行为的学生进行矫正和训练，加强与家庭的联系，共同教育学生。教师对他们要充满真诚爱心，对他们取得的点滴进步给予肯定与鼓励。案例中的班主任针对学生暴力行为有可能出现的负面影响，及时进行了有效的干预，使被打的学生重新找回了安全感。

（四）教育中应注意的问题

攻击性行为的出现，有其后天因素，更有其早期成因。所以，除了当行为发生后进行必要的补救之外，我们在教育中必须注意如下几方面：

1．在做好群体教育的同时抓好个别教育

中学生的暴力行为，相当一部分是由集体思维出现盲点和从众所致。在参与暴力行为的个体中，总或多或少地存在着法不责众的心理。作为教育者，首先要针对个体在这个年龄段上存在的共性问题做好全面教育，同时，对于少数存在明显暴力倾向的学生还要加大力度，做好个别教育，以起到警示的作用。

2．注意渗透关爱教育

青春期的学生所出现的暴力行为，既是心理问题，也是社会问题。对他们除了在心理上加以疏导之外，德育也必不可少，教师可以借助各种机会对青春期的学生进行教育，让他们学会宽容和关爱同学。

3．经常组织团体活动

加强社团活动，建立种类多样、形式健康的活动组织，可以培养学生的兴趣与团队意识。团体活动一方面可陶冶学生性情，另一方面可使学生发挥能力，体验融洽的团体协作精神，减少暴力行为。

三、学生攻击性行为的案例

小朱，男，13岁，是初中二年级学生。父亲搞水产养殖，常年在外，无暇顾及孩子；母亲曾经商，因某种原因商店倒闭。夫妻关系日益恶化，两人最终分道扬镳，无心顾及孩子，把孩子托付给姑姑照顾。小朱学习成绩在班级排名中下。

小朱在幼儿园时就比其他孩子调皮。自进入小学后，随着年龄的增长，家庭矛盾的激化，缺少管教的他渐渐喜欢讲一些脏话，因此同班同学都不愿意和他在一起，人际关系较差，没有一个知心朋友。上了中学后，他在班上打架骂人是家常便饭，更严重的是还和社会上的"混混"互相勾结，做了不少违背公德的事情。他在学校的主要表现有：上课不遵守纪律，注意力不集中，经常搞一些惹人注意、引人发笑的恶作剧；当老师批评他，同学反对他时，他没有不愉快的表现，反而感到高兴；下课时，经常无缘无故地欺侮同学，如遇同学反抗，课后纠集校外"混混"寻衅斗殴。有时他还鼓动一些其他班级中品行较差的学生在社会上结帮打架。家长想通过转学改变他的不良行为，但进入这所中学后，小朱劣迹不改，他所有行为的目的都是为了引起别人对他的注意，感觉到他的存在。

四、案例评点

小朱出现攻击性行为的原因，既有客观因素，也有主观因素。

客观原因有：

1. 没有一个正常的家庭教育环境；
2. 缺少父母的关爱；
3. 教师和家长的批评强化了他的攻击性行为。

主观原因有：

1. 同学们对他的戒备心理和不信任感造成了他的逆反心理；
2. 自我约束能力差；
3. 容易受社会上的负面影响。

（一）诊断分析

首先，造成该学生攻击性行为的原因之一无疑是家庭不良的教育因素的影响。自他懂事起，即使父母在家，也是经常吵架打骂，他幼小的心灵已烙下暴力的阴影。父母在外，没有尽到教育的责任。他由姑姑带养，但是姑姑体弱多病，对他管束不多，偏袒有余。父母偶尔回家听到班主任"告状"，对孩子不是辱骂就是棍棒相加，平时缺少沟通。在双休日，他为了照顾父亲的生意还常常随父亲到水产养殖场帮工赚些零用钱。久而久之，他对学习丧失了兴趣。

其次，由于他在班上蛮横无理，同学对他有戒备心理，老师和同学对他持不信任态度，经常受到批评。当小朱和同学争执时，经常是被指责与批评的对象。因为他常闹事，班级的所有活动鲜有他的踪迹，很少有他施展本领、表现个性的机会。于是，他经常在课上无理取闹、插嘴、起哄、故意捉弄别人，以引起老师对他的注意。他还在下课时无缘无故冲撞同学、给人取绰号、骂人，以此来表现自己的存在。

第三，由于没有正当的活动得以正常的心理宣泄，他会在一些小事上耿耿于怀，之后便拉帮结伙，无端挑拨是非，鼓动是非不清的学生打架斗殴。他从中得到心理的满足。

（二）对策设计与效果

针对小朱产生不良行为的种种原因，教师因采取一些干预措施以教育小米，达到转化的目的。以下是小朱班主任的做法：

1. 帮助建立正常的家庭教育环境

首先,我同他的父亲做了一次态度诚恳的谈话,使其明白孩子的成长离不开正常的良好的家庭教育环境。单亲家庭的孩子只要有真诚的父爱和姑姑慈母般的母爱,孩子也一样能健康成长。我要求他父亲百忙之中多抽一些时间来关心孩子的学习和生活,不要怕孩子犯错,要知道孩子进步存在反复是正常的,大人应耐心开导,而不应用粗暴的教育方式。父亲要跟孩子多讲些时间珍贵的道理,使孩子感悟到"一寸光阴一寸金,寸金难买寸光阴",也要让他懂得勤奋能出智慧的道理。

2. 尝试用情感导入策略进行正面转化

小朱平时受到批评太多而几乎得不到表扬,长期的抵触情绪使他产生逆反情绪。每个学生都有自尊心,都渴望得到爱,而当这一切得不到满足时,他们会以逆反心理来维护自尊。学生会用上课与老师对着干,下课肆意挑衅等一些有悖常理的行为来显示自己的与众不同。在他犯错时,若老师对他进行批评指责,只能强化他的负面影响。因此,针对小朱的这种心理,我采用情感导入策略进行正面转化。首先我用"眼神"去叩开他的心扉。我珍惜每一次与他对视的机会,课堂上、过道里、谈心时,我的眼里流露出的是善意、真诚和信任。然后我用"耳朵"去聆听,对的错的,真的假的,有意的无意的,都毫不在乎,我期待着他的倾诉。接着我用"心灵"去和他交流,用我的热情换得他的信任,用我的期待换回他的自尊。我对他说:"我现在有一个困难需要你的帮助。如果你帮了我,老师的工作能轻松点。你能帮我吗?"他爽快地答应了,我马上对他提出要求:"我希望你担任劳动委员,每天早上第一个到教室开门,晚上最后一个离校,不能有一点差错。否则,我既没了小小的'自由',还要被校领导批评。我相信你准行！"我用坦诚得到他对我的信任。连续几天，我都在暗中观察他。他做得很好，一连几次在大庭广众下我表扬了他。我和他私下交流，他说："我怕你被领导批评，一个人老是被人批评会被人看不起的……"我感觉到他把我当作朋友了，我赶紧说："其实，老师也会做错事，校长也会批评老师。每个人都会犯错，改了就行了。"他真的帮了我。半个学期下来，他只漏关了四次门。他经常得到表扬，抵触情绪消除了。由于有了正当的活动，得到正常的心理宣泄，他又为班级服务，慢慢与同学的关系融洽了。小朱重新找到了自尊。

3. 家长和学校要经常沟通

家长要在第一时间知道孩子的想法，及时了解孩子的点滴进步。我及时和家长沟通，针对小朱的家庭教育进行了指导，也收到了很好的效果。

正因为小朱多次受到表扬，他的抵触情绪被消除了，上课纪律比以前有了明显的进步；正因为有了师生真诚相待，小朱得到了师爱，找回了自尊；也正因为有了新的开始，他的学习成绩有了一定的提升，与同学的关系融洽了，在学农社会实践活动中被大家一致评为"优秀营员"。

经过多方努力，小朱的进步有目共睹。但生活本身是复杂的：首先，家庭的稳定是第一位的，而留给小朱的是一个先天不足的家庭，较稳定的状态能维持多久不得而知。其次，小朱学习基础不扎实，在竞争面前他能有足够的承受能力吗？重新找回的自尊能维持多久？外面的世界依旧"精彩"，他能永远避开来自外界的不良诱惑吗？这正是留给广大教育工作者的思考题。

第六节　网络成瘾

一、网瘾概括

（一）什么是网瘾

网络依赖症或网络成瘾综合征，简称"网瘾"，指在无成瘾物质作用下的上网行为冲动失控，表现为由于过度使用互联网而导致人的明显的社会和心理功能损害。患者最主要的表现是对网络操作出现时间失控，而且随着乐趣的增强，个人难以自拔，可以不吃饭不睡觉。它造成人体植物神经紊乱，体内激素水平失衡，免疫功能降低，引发心血管疾病、胃肠神经官能病、紧张性头疼、焦虑症等疾病，甚至导致死亡。

（二）形成网瘾的原因

客观说来，青少年沉迷于网络是多种因素作用的结果。但是，起主导作用的是网络本身的因素、青少年自身的因素以及教育和管理层面的因素。

1. 网络本身的因素

网络具有两重性，正如一枚硬币有正反两面一样。网络的出现，诚然为人类的沟通与交流做出了巨大的贡献，给我们的生活带来了许多便利，如方便我们网上购物、网上学习、网上交流等。但同时，网络亦产生了许多负面的东西。研究表明，青少年长时间沉溺于网络，不仅对青少年的心理有重大的负面影响，对他们的生理也是一种伤害。

为什么青少年容易沉迷于上网？这与网络本身大有关联。网络是用现代高端的科技手段将各种五花八门的资讯汇聚起来的一个载体，是现实世界的虚拟，是一个没有城门的"不夜之城"。

它具有资源丰富、超时空、方便快捷等特点。网络世界里没有地理的界线，没有人际间的距离，能给每个上网者提供一个属于自己的时空。在这个虚幻的时空里，上网者能找到适合自己的位置，可以在属于自己的这个世界里自由翱翔，可以找到一个消磨时间的好去处，可以体会到现实生活当中不可能享受到的乐趣，可以获得虚拟奖励，得到自我肯定。网络世界具有的丰富信息、齐备功能，能满足人们的种种好奇心以及各种各样的欲望。有人称网络是一个全球性的博物馆，一个发表自己见解的论坛，一个结交朋友的场所，一个无比神奇的游艺宫。同时，所有的网络游戏在编程的过程中都充分研究了心理学，也就是说，网络游戏玩家在不知不觉中慢慢地被"洗脑"、被"催眠"。对具有好奇心，特别是失落于现实的青少年来说，网络本身的这些特点无疑具有巨大诱惑。因而，他们一旦置身其中，便可能会越陷越深，欲罢不能，进而沉迷之。

2．青少年自身的因素

网络本身的因素只是青少年沉迷其中的客观因素之一，这个因素的存在不会直接导致青少年沉迷于网络。原因很简单，人是自由意识的主体，趋利避害是人的本能反应。那么，青少年为何会沉迷于网络呢？这还与青少年自身的因素有关。

青少年时期是人生的一个特殊阶段。这一时期的青少年，不仅身体发育急速和趋于完成，性成熟所产生的性差别明确化和性本能膨胀，而且其认知结构、意志结构和情感结构也发生了变化，表现为自我意识和独立性增强，对新事物敏感且容易接受，情感强烈而细腻，渴望友谊和交流，自制力相对较弱。正是这些特点，使他们产生了多方面的需求。然而，在现实生活中，由于一些因素的制约，青少年的各种需要难以得到满足。这种矛盾的情形，极易使青少年的心境处于压抑状态。人在现实处境与头脑中的构想之间出现偏差的时候，总会想方设法地去寻求别的补偿途径。而网络以它特有的方式和丰富的内容，给青少年展示出了一种全新的虚拟社会环境，这无疑为青少年提供了发泄和实现自身需求的平台。网络游戏可以使他们找到自我，实现自我，网上聊天给了他们倾诉的空间和对象。当他们在这个神奇的虚拟世界里第一次获得快乐与满足时，便会希望重复获得。由于他们相对较弱的自制力，这种重复行为往往不能得到很好的控制。当达到失控的程度时，他们就成了"网虫"。

3. 教育方面的因素

网络本身因素与青少年自身因素的存在，使青少年沉迷于网络成为可能。但这不是必然的。只要家庭和学校及时正确引导，让青少年对网络有一个正确的认识，学会自我控制，完全可以避免形成"网瘾"。遗憾的是，家庭和学校对此未有足够的重视。

先说家庭教育。中国的父母有"望子成龙""望女成凤"的传统，为此，他们总是尽可能地满足孩子们的要求。计算机、手机作为信息处理、交流的重要工具，成为不可或缺的东西。为了让孩子紧跟时代发展要求，了解网络基础知识，掌握上网的基本方法，满足交流需求，家境较好的家庭大都主动给孩子配备了计算机和手机，以满足其需要。至于孩子上网干什么，家长则由于无暇顾及等原因而不过问。事实上，家庭教育最重要的一点就是，父母要多挤出时间来陪伴孩子，多与孩子进行交流，教育他们养成良好的生活、学习习惯，引导他们树立正确的认识方法，学会正确地对待事物，形成良好的辨别能力和自我控制能力，为青少年的健康成长奠定基础。父母的不闻不问行为，容易使孩子产生错觉，认为是默许。这样，久而久之，孩子便迷失于网络当中了。

再来谈一下学校教育。尽管现代的教育模式已多样化，但学校教育依然是当今教育的主流。在许多学校，教师过分注重学生的学习成绩，使不堪重负的学生容易滋生厌学情绪和心理压力。本来是为了提升能力，变成了灌输知识；本该是快乐的童年，变成了劳累不堪；本来是培养学生的成就感，帮助学生树立自信心，结果变成了对学生的"打击"，产生了"失败者"。学生在学校找不到缓解内心压力的地方，遂把目光转移到虚幻的世界中去。

4．管理层面的因素

学法律的人都知道，对特定的人而言，特定环境的不作为也会造成社会危害。既然网络本身、青少年自身、学校教育都存有"软肋"，那么相关管理者则应积极作为，加强管理，协同抑制青少年沉迷于网络逐年递增的发展态势。

（三）网瘾的类型

1．医学模式——生物学理论

与其他成瘾性疾病相似，成瘾行为与几种不同的神经递质有关：y-氨基丁酸（GABA）、乙酰胆碱（Ach）、去甲肾上腺素（NA）、多巴胺（DA）、5-羟色胺（5-HT）等。

2．心理模式——自我心理学理论

互联网是一种行为环境，像其他环境一样，与人的因素——如知觉、价值观和态度——互动，从而影响行为。成瘾现象的产生是网络使用者的个人特质与网络功能交互作用的结果。

3．社会模式——社会认同理论

人需要他人与社会的认同，需要一种归属感。只有在得到了社会的接纳和承认之后，才能够形成稳定的自尊感和确立稳定的自我统一性，才有可能获得自信和安全感。互联网给上网者以高度的认同和强烈的归属感。

（四）网瘾诊断的标准

1．上网时全神贯注，下网后念念不忘"网事"；

2．总嫌上网时间太少而不满足；

3．不能控制自己的上网行为；

4．一旦减少上网时间就会烦躁不安；

5．一旦上网就能消除种种不愉快情绪，精神亢奋；

6．因上网而荒废学业和事业；

7．因上网放弃重要的人际交往、工作等；

8．不惜支付巨额上网费用；

9．对亲友掩盖自己频繁上网的行为；

10．有孤寂失落感。

上述10种情况，在1年间只要有过4种以上，便可诊断为网络成瘾综合征。

二、网瘾的防治方法

怎样预防和戒除网瘾呢？下面从自我心理调适的角度介绍几种方法：

（一）正视危害

学生沉迷于上网，尤其是沉迷于黄色网站，危害是极大的。它会使学生沉迷于虚拟世界，严重影响学习，甚至中断学业。久而久之，还会与现实世界产生隔阂，影响正常认知、情感和心理定位，导致人格的偏离，甚至导致发生意想不到的可怕后果：有的学生因上网成瘾，神情恍惚，人格扭曲，无心读书，中途辍学；有的学生连续几天几夜玩游戏，不思食寝，过度疲劳，导致猝死；还有的学生走上歧途，导致违法犯罪。即使没有成瘾的人，如果每天上网太长时间，很可能也会让自己的健康受到损害。

（二）预防为主

对于青少年来说，一旦患上网络成瘾综合症，要戒除是很困难的。所以，必须要预防青少年上网成瘾。一是给学生提前打好"预防针"。社会、学校和家长都要通过各种宣传途径，使青少年在感受到上网好处的同时，也要意识到可能带来的危害。要采取各种有效的方法，坚决杜绝青少年浏览黄色网站，控制其不玩或少玩游戏。二是丰富学生的日常生活。让他们积极参加社会和学校等方面举办的各种有益活动，培养自己良好的兴趣、爱好和特长，使他们多与家长、老师和同学沟通交流，获得心灵上的慰藉与成长。三是及时遏制上网有瘾的苗头。当青少年出现上网有瘾的苗头时，要教他们及时控制自我，决不宽容自己，以防止上网成瘾。

（三）科学安排

预防或戒除网瘾，最关键的是，学生自己要科学安排上网时间和浏览内容，尤其要与自己约定：一是控制上网时间。每周上网最多两三次，每次上网时间一般不超过2小时，并且连续操作1小时后应休息15分钟，看看窗外的风景，让疲劳的眼睛得到休息。尤其是夜晚，上网时间不能过长，要按时休息。二是限制上网内容。每次上网前，一定先明确上网的任务和目标，按自己的需求来使用网络，不迷恋网上游戏，坚决不上黄色网站。三是准时下网。上网之前，根据任务量预估上网时间，时间一到，马上下网，不找任何借口，不宽容自己。

（四）请人监督

戒除"网瘾"，有必要寻求别人的支持和帮助，这种支持可来自同学、老师、朋友和家人，可先向他们讲明控制自己上网的计划，请他们监督自己；当"网瘾"出现时，请他们及时提示，帮助克服，并且要听他们的话。平时的活动，要多与同学在一起，与他们一起学习，一起交流，把精力集中到学习上。当取得一点小成功时，比如已经按计划少上网一周时，不妨对自己进行奖励或暗示，学会为自己加油。

（五）以新代旧

在戒除某种习惯时，这种习惯仍有很大的诱惑力和惯性，这种心理现象很正常。有心理学家把这种情况比喻为冲浪者所面对的阵阵波浪。这种诱惑的"波浪"虽然会出现，但在3到10分钟内就会自行消退。在"波浪"来时，可事先考虑如何运用"冲浪技巧"。在戒掉网瘾的一段时间内，个人的欲望并没有消失，此时需要用一种新行为和新习惯来替代老习惯所产生的满足感。上网成瘾或正在戒网瘾的青少年要培养新的爱好和习惯，多做一些自己感兴趣的事情，多参加一些自己喜欢的活动，冲破网瘾诱惑的阵阵"波浪"。

（六）寻求帮助

当学生自己无法解决上网成瘾问题时，一定要积极主动地寻求专业人员的帮助。一是可以找心理咨询师进行咨询，心理咨询师会帮助学生戒除网瘾。二是可以参加团体心理训练，这是戒除网瘾的一种很有效的方法。团体训练是多种咨询理论的综合利用，通过丰富多彩的群体互动活动，对学生产生感染、促进和推动作用，帮助学生改变认知，改变心态，获得心理上的提升。同时，团体训练活动会让学生学会制定自我管理的行为契约，根据目标行为完成与否进行正强化或负强化。这种相互监督的契约是对各自上网态度与行为的承诺，由于这一承诺是在群体中做出的，遵守它的动机与压力就强多了。因此，参加团体心理训练对于预防或戒除网瘾会有显著的效果。

"网瘾少年"既然已经成了一个社会普遍关注的焦点，成了大多数家长束手无策的难题,我们要拿什么拯救网瘾少年?除了改变现有的家庭教育模式和家长给予孩子们更多的关爱外,学校和社会公众也应该给予他们一个健康成长的环境。

第七节　校园欺凌

个别学生受一些影视剧的影响,认为在同学面前做"老大"会前呼后拥,无限风光。于是,他们在学校称王称霸,在班级、校园拉帮结伙,称兄道弟,看哪个学生没有顺从他,就组织人"教训"一下,以树立"老大"的权威。在许多学校都存在这样的问题学生。

一、教育案例

小杜的转变

班里有个男生,名字叫小杜。他是插班生,是在初二时从别的学校转过来的。他转来这个学校还不到一个月便"名声大噪",在校园里,这个"红人"无人不知,无人不晓。下面看一看他的故事。

小杜皮肤颜色有点黝黑,身材魁梧,看上去很结实,走起路来大摇大摆。他只和同乡交朋友,对其他市县来的学生不屑一顾。他性情暴躁,说话粗鲁,动辄发火,全班同学都怕他。他不遵守纪律,惹是生非,教室里因为他而不得安宁;他基础差,无心学习,分数极低。我应该怎样面对这样的学生呢?我告诉他要遵守校纪校规,他说"学校又不能开除我";我跟他说学习的意义,他说"我不想学,你别管"。我一时也想不出有效的办法,只能好好琢磨。

因为课堂上他太引人注意了,所有任课老师都知道他的大名。他除了上我的课不敢捣乱以外,在其他老师的课堂上都有"精彩"

故事发生。他要是和同乡坐在一起，课堂讲笑话就没完没了。要是别的同学和他同桌，就会受他欺负，他要霸占三分之二的空间，弄得同桌连写字的地方都没有。他还时常搞小动作影响同桌学习，如果同桌逆来顺受，他就变本加厉；如果同桌敢反抗，他就打人。就是坐在他前后的同学，上课时也受不了，他坐在椅子上前后左右摇个不停。如果安排他单人坐，只要我不在教室里，他就随意换位置。课间，他经常强迫同学给他买饮料和零食等。我反反复复和他讲道理，他不当一回事；告知家长，家长无可奈何。这是典型的恃强凌弱、蔑视校规的表现。他的"事迹"在同学、家长和教师之间传开了，这使他"红极一时"。更让他"走红"的是他把自己的"事业"扩展到了其他年级和班级。今天这个班的教师对我说他抢学生牛奶，明天那个班的教师对我说他打人，几乎天天有同事告状。我一时无法处理，只好先拿一个笔记本做好记录，有时我看着写的满满的"罪状"，真是伤透了脑筋。

国庆节过后，邮局送来一本报刊订阅的目录书，我在翻阅书目的时候突然想到一个问题：小杜平时在课堂上喜欢看课外书，要是课堂很安静，他准是在看课外书。如果能让他订阅一本杂志，允许他在不想听课的时候拿出来看，岂不是杜绝了他课堂惹是生非、欺负同学的现象？我决定试一试，于是找他商量。考虑到他目无校规，我特地向他介绍了法制文学月刊《啄木鸟》，希望他能了解一些法律知识，增强法制观念，发挥自我教育的作用。没想到他爽快地答应了。当他从我手中拿到第一期《啄木鸟》的时候，我对他说："这本杂志很好看，希望你能认真看完。"他笑着问我："老师，我上课能看吗？"我说："当你不想听课的时候可以拿来看，但是绝对不能让别人看，只能一个人静静地看，也不能看其他课外书。""好的，多谢老师！""这是我们的'君子协议'，你要把它写下来，一式两份。"他写完"君子协议"后，一份交给我，一份贴在杂志的封底上，就拿着杂志走了。

我把这事说给所有任课老师听，并且说明我的用意：在课堂上稳住他，他在课堂上看《啄木鸟》时，老师们不要没收书，不要打扰他。

奇迹出现了。从那以后，小杜在教室里安静了，坐稳了。我经常看到他在教室里专心看《啄木鸟》。很多时候放学了，同学们都离开教室了，他还坐在那里聚精会神地看着，这在以前是不可能发生的事情。同学们的怨言少了，老师的批评少了，大家对他的态度好多了。他看完了第一期，就追着我要第二期。就这样，我们接触的机会慢慢多了，感情也慢慢拉近了。《啄木鸟》成了我们交流的共同话题，我们在一起的时候，经常谈论杂志的内容，交换看法。他对杂志里的"大案要案"栏目感兴趣，我就让他复述主要案情，发表评论；他对"长篇连载"感兴趣，我就引导他试着续写下一期的故事情节。每周一节的口语交际课，他都上台发言，内容大都与《啄木鸟》有关，或者讲述离奇案情，或者评议作品人物等。虽然他发言水平不高，但是参与很积极，态度很认真，跟过去请不上台比起来有了很大的进步，所以他的每次发言都赢得了很热烈的掌声。

在一个周末的早上，我到学校请他吃早餐，他欣然答应。我们边吃边聊，话题从《啄木鸟》讲起。

"订阅《啄木鸟》之前，我发现你经常看一些其他杂志，现在比较起来，你更喜欢哪种？"

"喜欢《啄木鸟》。"

"为什么？"

"《啄木鸟》好看,内容都是写公安侦探与破案的,案情很惊险,情节很吸引人,每次拿到书,我恨不得一口气把它看完。"

"一定有很多收获吧?"

"有。比如了解了什么是'潘多拉的匣子',知道劫匪的下场等。"

"长大了你想做什么工作?"

"想当公安。"

"现在的公务员都要考试的,没有知识可不行。"

"唉,我基础太差了,现在都学不进去了。"

"小学学得怎样?"

"小学四年级以前还可以,后面两年就不行了。"

"为什么?"

"四年级的暑假,我交了几个贪玩的朋友,天天在外面玩,开学后也无心学习,经常逃学到街上逛,有时还欺骗同学,向他们要钱,为了钱打过好几次架。"

"初一在哪儿上的?"

"家里人为了让我远离小学那帮朋友,把我从县城转到市里一家私立学校读初中。没想到住校以后,问题更严重了,我在那里学会了抽烟、喝酒,经常逃学,经常欺负同学,向他们要钱,不给就打人。学校多次叫我父母过来,那时我被老爸打得好惨。不知道为什么,我就是改不了。就这样,初一我只读了一个学期,父亲就领我回家了。"

"原来你的童年这么过的,你对现在的情况如何评价?"

他低头沉默了一阵子,然后笑着说:

"比过去好多了,不逃学,不抽烟,不喝酒,不抢钱,就是对学习不感兴趣。"

"我也发现你改变了许多。但是,不学习就无法实现你的公安梦。"

他又开始沉默了。过了一会儿,他突然问我:"老师,您能帮我吗?"

"你的困难我都愿意帮忙。"

小杜慢慢转变了,他妈妈在我面前感动得流下眼泪。我虽然"筋疲力尽",耗费了整个学期的时间,却也满心欢喜。

二、案例评点

(一)校园欺凌的问题与危害

案例中反映的是校园里典型的校园欺凌的问题。小杜在校主要表现有:学习目的不明确,得过且过,缺乏自我约束;学习基础差,丧失学习信心,无心向学;倚仗个人身材高大,拉帮结派,联合同乡,欺负同学;凡事以个人为中心,唯我独尊,经常滋事挑衅,欺负同学。很多学生被欺侮后,往往不敢告诉家人或老师,致使一再受辱,助长了这些校园"小霸王"霸道自私的嚣张气焰。有的学生不敢去学校,心理受到很大创伤。这些校园"小霸王"严重扰乱了学校的正常教学秩序和教学质量,影响了学生们的身心健康,也损害了学校在社会上的声誉。如果不及时制止并挽救他们,今日校园里的"小霸王"就会发展为日后社会上的"小混混",给社会制造许多不稳定因素。

(二)称王称霸的具体成因

1. 社会不良风气的影响

各种影视作品有意无意地表现凶杀和暴力的场面,有意无意地渲染一种没有规则、没有法律的江湖义气,对那些涉世未深的孩子毒害很深,他们会在潜移默化中不自觉地模仿。有的学生会被校外的花花世界吸引,游手好闲,追求享乐,好吃懒做等,深陷其中而不能自拔。另外，一些充满色情与暴力的网游，很容易吸引并毒害孩子的心灵，诱发他们犯罪。

2．父母对孩子关注过少

从案例中师生的对话里，我们知道小杜在小学四年级以前并不是这样，就是因为在暑假里交友不慎染上贪玩、逃学、乱花钱、欺负人等种种陋习，才变成这样，最后"近墨者黑"，一发不可收拾。

3．学校一味抓学习，轻德育

很多学校眼睛只盯着升学率，只重视对升学科目的教学与研究，忽视了对学生进行日常行为规范教育、公民道德教育和法制教育，即使设立了相应的课程，也只是照本宣科，应付了事。另外，有的学校在处理校园"小霸王"的问题上，没有具体的规章制度和处罚条例，学校的相关职能部门形同虚设，有的甚至被撤销，对"小霸王"的教育只停留在口头的说教上，这就成了学校和教育部门的教育"软肋"。再者，有些学生受到校园"小霸王"的欺侮后，由于胆小怕事，不敢举报，逆来顺受，也让"称王称霸"的学生得寸进尺，更加肆无忌惮。

（三）"小霸王"学生的教育策略

1．走进学生内心深处

扭曲的心灵总是封闭的，老师要走进他们的心里确实不容易。每个学生都是一把有个性的锁，开启每一把锁的钥匙是不一样的。那么老师应该如何才能走进这些学生的心灵呢？

一是热爱学生。教育不能没有爱，没有爱就没有教育。爱是教育的基础。只有热爱学生，才能正确对待、宽容学生所犯的错误，使学生内心产生一种持续的健康情感，向教师敞开心扉。

二是观察学生。教师用心观察，就能发现学生身上的优点和缺点，才能对学生进行客观的评价。对问题学生也是如此，发现和赏识学生的闪光点可以帮助我们找到教育的切入点和突破口。

三是尊重学生。尊重比热爱更为重要。学生只有被尊重，才能感受到师生的平等，才能感受到自尊的存在。尊重不等于放纵，它是一种爱和理解，是一种教育艺术。当学生的人格和个性得到老师的认可后，心灵的距离就缩短了许多。

2．与学生倾心对话

倾心对话包括：一是要求教师为学生创造倾诉的机会，激发学生的倾诉欲；二是要求教师细心聆听，积极关注学生所表达的各种心理感受，并给予适当的指导；三是要求教师耐心倾听，不要随意打断学生的说话思路。如果案例中的教师只是一味地让小杜在课堂上看《啄木鸟》，最终也是一种失败的教育。难能可贵的是，这位教师能本着对学生负责的态度，设计了请学生吃早餐这一教育情境，在这种放松的情况下，教师聆听学生的心声，透视学生心灵深处的伤疤并给予了真诚的抚慰。

3．投其所好

教师教育"小霸王"，不能和他们发生正面冲突，这类学生往往是吃软不吃硬。因为在他们的眼里，唯我独尊，谁都不听，谁都不怕。案例中的教师在教育小杜的时候，避开了其情绪冲动。当别人告状时，这位教师在没有想出有效办法的时候并没有轻易"兴师问罪"，宁可暂不处理，也不和"小霸王"发生冲突，而是尊重他的个性与爱好，顺从他的行为方式。小杜不想学习，并且干劲十足，硬逼他做他不想做的事，必然吃力不讨好，甚至还会激化师生矛盾，为下一步的教育人为地设置障碍。投其所好就是要寻找学生的兴奋点，教师可以从以下几个方面去发现学生的行为兴奋点：一是观察学生在课堂上对学习材料和活动内容的表现，确认学生的兴奋点；二是通过访谈学生、家长和任课教师，了解学生的兴趣所在；三是给学生提供自我选择与独立学习的机会，让学生自由选择、自主活动，观其表现。

（四）教育中应注意的问题

1. 不能一味迁就学生

案例里教师对小杜的妥协与迁就，实际上是一种宽容，是一种教育智慧。这种迁就是有条件的，是为了更好地做学生工作，是一种迂回战术。但教师不能盲目地迁就这样的学生。盲目地迁就会给学生一种错误的暗示：我这样做也无所谓，从而就会导致更大的错误发生。这样的"宽容"是对别人也是对自己不负责的表现。

2. 不能与学生针锋相对

校园"小霸王"的最大特点就是霸道不讲理。他们情绪冲动的时候，会失去理智，天不怕，地不怕。如果教师这时候为了个人的面子和尊严，和他们硬碰硬，非要对方低头认错，往往会事与愿违，让自己下不了台，陷入更为尴尬的境地。所以，我们当教师的，特别是年轻教师，在处理"小霸王"事件的时候，一定要耐得住性子，学会克制，学会宽容，学会接纳，学会保护自己。切记，退一步海阔天空，忍一时风平浪静。之后才能采取更好的办法来教育这类学生。

参考文献

[1] 满都拉. 对差生概念含义的探讨 [N]. 内蒙古师范大学学报（哲学社会科学版），2000（4）.

[2] [英] 朱莉娅·贝里曼，戴维·哈格里夫，马丁·赫伯特等. 发展心理学与你 [M]. 陈萍，王茜译. 北京：北京大学出版社，2000.

[3] 刘以林、张文珍、冯克诚. 差生素质的教育与转化策略 [M]. 北京：华语教学出版社，2002.

[4] 张向葵. 青少年心理问题研究 [M]. 长春：东北师范大学出版社，2001.

[5] 黄家和. 问题学生的教育和转化 [N]. 华东交通大学学报，2003（6）.

[6] 钟启泉. 差生心理与教育 [M]. 上海：上海教育出版社，2003.

[7] 阮为文. 论"问题学生"的教育转化 [N]. 内蒙古师范大学学报（教育科学版），2005（4）.

[8] 李燕青. "问题学生"的形成及转化策略：硕士学位论文 [D]. 江西师范大学，2005.

[9] 陈栩，郭斯萍. 国外学习困难学生研究综述 [J]. 教育科学研究，2006（6）.

[10] 陈栩，雷万胜. 20年来国内学习困难学生研究综述 [N]. 河南职业技术师范学院学报（职业教育版），2006（1）.

[11] 王轶锋. 残忍童话戕害韩国青少年 [N]. 环球时报，2007.

[12] 石鑫. 浅谈"问题学生"的教育与转化 [J]. 黑河教育.2015（04）.

[13] 朱敏成. 班主任工作心理辅导的误区及其矫正 [J]. 中国职业技术教育，2000（7）.

[14] 杨菲菲. "问题学生"的转化策略 [J]. 甘肃教育.2016（23）.